AF524748

Weil du ein besonderes Mädchen bist

Ein inspirierendes Kinderbuch mit magischen Geschichten über Mut, Stärke und Selbstvertrauen - Perfekt geeignet als Vorlesebuch, Selbstlesebuch und Erstlesebuch.

Dieses Buch gehört der
besonderen:
....

Inhalt

Oh, Hallo Du!	1
Die falsche Elfe	4
Der grüne Daumen	24
Das ängstliche Gespenst	44
Ein Mädchen und eine Raummission	71
Eine fischige Freundschaft	93

Oh, Hallo Du!

Ich habe dich ja gar nicht reinkommen gehört. Ich bin die gute Fee Isabella, aber du kannst mich auch Bella nennen, wenn du möchtest. Alle meine Freunde nennen mich so.

Du bist bestimmt hier, weil du willst, dass ich dir eine Geschichte erzähle, stimmts? Das habe ich mir schon gedacht. Mach es dir ruhig in dem Sessel da drüben bequem und zieh dir die Decke bis unters Kinn, so dass es schön kuschelig ist.

Mal sehen… ich kenne so viele Geschichten, dass es mir schwerfällt, mich für eine zu entscheiden. Mir fallen einfach etliche ein, die dir gut gefallen könnten. In all meinen Geschichten geht es nämlich um besondere Mädchen, genauso wie du eins bist! Warum schaust du denn so verwundert? Glaubst du mir etwa nicht? Na gut, dann will ich dich mal eines Besseren belehren. Wenn du aufmerksam zuhörst, findest du vielleicht die *Moral*, die sich in jeder meiner Geschichten versteckt hat.

Eine *Moral* ist so eine Art Lektion, wie du sie vielleicht aus dem Unterricht in der Schule kennst. Wenn du eines Tages in eine knifflige Situation gerätst, in der du dir unsicher bist, was du tun sollst, kannst du dich an eine solche *Moral* zurückerinnern. Sie wird dir helfen, die richtige Entscheidung zu treffen. Die Lektionen in meinen Geschichten haben immer etwas damit zu tun, wie wundervoll du eigentlich bist. Es ist nämlich sehr wichtig, dass du das niemals vergisst. Am Ende jeder Geschichte frage ich dich, welche *Moral* du gefunden hast und sage dir, ob du mit deiner Vermutung richtig oder falsch liegst.

Ach ja, eine Sache wäre da noch bevor wir beginnen können. Die Mädchen, von denen ich dir heute erzählen werde, sind zwar genauso wunderbar und einzigartig wie du, aber die meisten von ihnen hast du bestimmt noch nie getroffen. Sie sind nämlich magische Wesen, so wie ich und verstecken sich meistens vor den Menschen. In meiner ersten Geschichte geht es zum Beispiel um eine Elfe, oder besser gesagt um eine Fee, die lieber eine Elfe wäre. Das klingt vielleicht etwas verwirrend, aber gleich wird alles Sinn ergeben. Wenn ich mich recht erinnere, dann hat alles so begonnen…

Die falsche Elfe

1. Die Außenseiterin

Wie jeden Morgen wischte sich Anna verschlafen den Feenstaub aus den müden Äuglein und vergrub ihr Gesicht tiefer unter ihrer Bettdecke. „Wenn du nicht bald aufstehst, kommst du noch zu spät.“, ermahnte sie ihre Mama und setzte sich neben Anna auf die Matratze. Sie war nun schon zum dritten Mal in das Zimmer der kleinen Fee marschiert, um diese für die Schule zu wecken. „Ich habe wirklich noch nie ein so müdes Mädchen wie dich gesehen.“, seufzte sie schließlich und verließ mit flatternden Flügeln das Kinderzimmer.

Anna war gar nicht mehr müde, aber das konnte sie Mama nicht sagen. Die würde dann nämlich von ihr wissen wollen, was los war und darauf hatte Anna wirklich keine Lust. Widerwillig schwang sich die kleine Fee aus dem Bett, schlüpfte in die weichen Hausschuhe, die direkt zu ihren Füßen standen, und schlurfte mürrisch auf den kleinen Balkon vor ihrer Zimmertür zu. Dort angekommen, warf sie einen kurzen Blick nach unten. Annas Zuhause war nicht so wie das ihrer Klassenkameraden. Sie, Mama und Papa lebten zusammen in einem großen, alten Baum. Die einzelnen Räume waren überall in der Baumkrone verteilt und wurden durch Leitern und Hängebrücken miteinander verbunden, damit auch Gäste bequem von A nach B gelangen konnten. Da Anna und ihre Eltern Feen waren, konnten sie selbst aber ohne Probleme zwischen den einzelnen Teilen des Hauses hin und her fliegen.

Die kleine Fee fand all das aber blöd. Ihre Freunde in der Schule hatten sich gestern schonwieder über ihr Zuhause lustig gemacht. Max nannte es immer ihr *komisches Baumhaus* und fragte, warum sie nicht in einem ganz normalen Haus wohnte, so wie alle anderen auch. Die Antwort darauf kannte Anna selbst nicht so wirklich. Sie wusste nur, dass im großen Wald der Feen alle in so einem *komischen Baumhaus* wohnten und da sie und ihre Eltern die einzigen Feen im Elfendorf waren, waren sie auch die einzigen, die in so einem Haus wohnten. Sie hatte Max und den anderen Jungs erzählt, dass sie ihr Haus auch nicht so wirklich mochte und viel lieber in einem Haus auf dem Boden leben würde. Zuerst hatte Anna sich schuldig gefühlt, weil sie solche Dinge gesagt hatte. Schließlich bedeutete das blöde Baumhaus ihren Eltern sehr viel. Es war eines der wenigen Dinge, dass sie an ihre alte Heimat erinnerte.

Sie war dann aber zu dem Entschluss gekommen, dass es Mama und Papa nur recht geschah. Immerhin wurde sie nur ihretwegen immer geärgert.

Als Anna auf dem Balkon stand und über die Ereignisse des Vortages nachdachte, entschied sie sich schließlich zu, die Leiter hinabzusteigen, anstatt mit ihren Flügeln in die Küche zu fliegen. Ihre Flügel mochte sie nämlich noch viel weniger als das Baumhaus. Immer wenn sie in der Schule umherflog, wedelten die anderen Kinder wild mit den Armen und schnitten Grimassen. Deshalb versuchte die kleine Fee ihre Flügel in der Öffentlichkeit so selten wie möglich einzusetzen. Manchmal passierte es dann aber doch aus Versehen und die ganze Schikane begann von Neuem. Darum stieg Anna heute auf der langen Leiter hinab zum Frühstück. Sie hatte sich vorgenommen, sich das Fliegen einfach ganz abzugewöhnen. So würden ihre Freunde sich nicht mehr über sie lustig machen können. Mama konnte sie von diesem Vorhaben aber natürlich nichts erzählen.

2. Die perfekte Tarnung

Als Anna mürrisch in die Küche gelaufen kam, warf Mama ihr einen verwunderten Blick zu. „Du bist wohl noch zu müde zum Fliegen?“, fragte sie mit einer hochgezogenen Augenbraue. „Mein linker Flügel tut ein bisschen weh. Ich muss ihn mir wohl im Schlaf irgendwo angehauen haben.“, entgegnete Anna, während sie nervös in ihren Frühstücksbrei herumstocherte. Auf einmal wirkte Mama nicht mehr skeptisch, sondern besorgt. „Wir könnten auf dem Weg zur Schule Frau Doktor Blume besuchen.“, schlug sie vor, „Sie kann sicher eine Salbe für dich anmischen, damit dein Flügel ruckzuck wieder heil ist.“.

Während sie sprach, flatterte Mama von einem Küchenschrank zum Nächsten und räumte sauberes Geschirr ein. Anna, die immer noch mit ihrem Brei spielte, anstatt ihn zu essen, versuchte sich aus der misslichen Lage herauszureden: „Nein, das ist alles nur halb so schlimm. Doktor Blume ist bestimmt sehr beschäftigt. Ich will sie nicht davon abhalten, denen zu helfen, die ihre Hilfe mehr brauchen als ich.“. Ein liebevolles Lächeln erhellte Mamas Gesicht. Mit gelassenen Flügelschlägen flog sie an Annas Seite, gab ihr einen Kuss auf die Wange und machte sich auf den Weg zur Tür. Sie drehte sich noch einmal zu der kleinen Fee um und sagte: „Du bist so ein liebes Mädchen und denkst immer nur an das Wohl anderer. Ich bin so stolz auf dich. Ich hoffe du hast einen schönen Tag in der Schule, mein Schatz.“. Dann drehte sie Anna den Rücken zu und flog hinaus in Freie.

Anna bekam nach dem Gespräch mit ihrer Mama keinen Bissen hinunter. Sie fühlte sich schlecht dafür, gelogen zu haben und noch viel schlechter dafür, die lobenden Worte ihrer Mama angenommen zu haben, obwohl sie sie doch überhaupt nicht verdient hatte. Die kleine Fee schob ihren Stuhl zurück und stand auf, um sich für die Schule fertig zu machen.

Wieder tapste sie in ihren Hausschuhen die wacklige Hängebrücke entlang, anstatt ins Badezimmer zu fliegen. Nachdem sie sich gewaschen und ihre Zähne blitzeblank geputzt hatte, begann Anna in ihrer Kleidertruhe nach ihrem Lieblingskleid zu stöbern. Papa hatte es gestern Morgen gewaschen und danach sofort wieder zurückgetan. Anna liebte das gelbe Kleid mit den lila Punkten so sehr, dass sie es am liebsten jeden Tag getragen hätte. Sie zog das Kleid schließlich hervor und schlüpfte hinein. Es passte ihr wie angegossen und sorgte dafür, dass es ihr sofort ein bisschen besser ging. Das Mädchen stand vor ihrem großen Wandspiegel und betrachtete sich selbst in dem gelben Stoff. Wie immer fiel ihr eine Sache negativ auf – ihre Flügel. Ihre Flügel waren an allem schuld. Anna wünschte sich so sehr, sie einfach ablegen zu können und ein ganz normales Elfenmädchen zu sein, so wie alle anderen auch. Ihr Blick schweifte durch den Raum und fiel auf einen blauen Mantel, der an ihrem Garderobenhaken hing.

Feen-Kleidung hatte für gewöhnlich zwei Löcher für die Flügel am Rücken. Da Anna und ihre Eltern aber im Elfendorf lebten, mussten sie ihre neuen Kleider immer zur Änderungsschneiderei bringen. Frau Schnipp und Herr Schnapp, das alte Elfen-Ehepaar, dem die einzige Änderungs-schneiderei im Dorf gehörte, waren allerdings seit zwei Wochen zu entfernten Verwandten auf dem Land verreist und mussten den Laden daher vorrübergehend schließen. Darum hatte Mama noch nicht die Gelegenheit dazu gehabt, den neuen Mantel für Anna anpassen zu lassen.

Die kleine Fee nahm den Mantel vom Haken und zog ihn über. Der raue, blaue Stoff presste ihre zarten Flügelchen an ihren Körper. Anna fühlte sich unwohl, alles drückte und ziepte, aber das Mädchen im Spiegel war genauso, wie sie schon immer sein wollte. Mit ihren spitzen Ohren und ihrem flügellosen Rücken, sah sie aus wie eine echte Elfe.

3. Eine unerwartete Begegnung

Mit ihrem Rucksack über den Schultern machte Anna sich auf den Weg in den Wald. Sie hatte kurzerhand beschlossen, heute nicht zur Schule zu gehen und stattdessen in ihrem Geheimversteck zu spielen. Sie genoss es eine Elfe zu sein und wollte sich das Gefühl von ihren gemeinen Klassenkameraden auf gar keinen Fall nehmen lassen.

Nach einem kurzen Fußweg erreichte die Schein-Elfe eine Lichtung. Am Rande der Lichtung befand sich ein großer Busch, auf den sie schnurstracks zulief. Das innere des vertrauten Busches war fast vollkommen hohl und bat genug Platz zum Spielen, Malen und Lesen. Anna kroch auf allen Vieren durch die schmale Öffnung und hielt erstaunt inne, als sie einen fremden Jungen in ihrem Geheimversteck erblickte. Der Elf trug ein T-Shirt, dass dieselbe auffällige Farbe hatte wie ihr Kleid. Er schien ebenso erstaunt über die Begegnung zu sein, wie sie selbst.

Was für ein komischer Junge., dachte sich Anna. *Erst spaziert er seelenruhig in das Geheimversteck eines anderen und dann wundert er sich, wenn der ursprüngliche Eigentümer zurückkehrt. Jungs sind manchmal merkwürdig.*

„Hey, du! Was machst du hier? Das ist mein Versteck, weißt du.“, konfrontierte die kleine Schein-Elfe den Eindringling. „Oh, das wusste ich nicht. Tut mir leid. Mein Name ist Paul. Ich bin mit meiner Mama erst vor Kurzem ins Elfendorf gezogen. Heute ist eigentlich mein erster Schultag, aber ich kenne hier noch niemanden, und hatte Angst, dass die Kinder in der Schule nicht mit mir spielen wollen. Darum habe ich mich hier versteckt. Es war nicht meine Absicht, ungefragt in dein schönes Versteck hineinzuspazieren.“, stammelte der Elfenjunge bedrückt, während er mit dem linken Zeigefinger Formen in die trockene Erde malte. Nachdem er zu Ende gesprochen hatte, rappelte sich der Junge Namens Paul auf und versuchte die Busch-Höhle mit gesenktem Blick zu verlassen.

Irgendwie wollte Anna auf einmal aber garnichtmehr, dass er geht. „Wenn du willst, kannst du hierbleiben und mit mir spielen. Wenn wir zusammenrücken, ist genug Platz für uns beide.“, bat die kleine Fee dem traurigen Elfen an. Seine finstere Miene wich augenblicklich einem breiten Lächeln, als er realisierte, dass er nun doch willkommen war.

Die beiden Kinder verstanden sich auf Anhieb gut und es war so, als wären sie schon immer beste Freunde gewesen. Zum ersten Mal in ihrem Leben hatte Anna nicht das Gefühl anders zu sein. Sie war ein normales Elfenkind, so wie Paul.

4. Eine schwierige Entscheidung

Die Fee und der Elf verbrachten den ganzen Tag in ihrem Geheimversteck. Sie spielten Familie mit den kleinen Holzpüppchen, die Annas Mama für sie geschnitzt hatte und amüsierten sich bei einem Würfelspiel, dass Paul noch aus seiner alten Heimat kannte. Als die kleine Schein-Elfe den alten Glockenturm des Dorfes 4 schlagen hörte, packten die beiden Freunde hastig ihre Spielsachen zusammen und verließen den Busch durch denselben schmalen Eingang, durch den sie ihn am Morgen betreten hatten. Das Läuten der Glocken bedeutete, dass die Schule nun aus war und dass es Zeit war, nach Hause zu gehen.

Anna war gerade dabei sich schweren Herzens von ihrem neuen Freund zu verabschieden, als sie laute Flügelschläge von hinten herannahen hörte. Dieses Mal waren es nicht die Flügelschläge einer lieben Fee, sondern die eines riesigen Greifvogels. Ängstlich kauerte sie sich zusammen, Paul tat es ihr gleich. Für einen kurzen Augenblick atmete sie auf. Der Vogel hatte sie nicht entdeck und war über die Lichtung hinweggeflogen. Das Mädchen war kurz davor sich wieder aufzurappeln, als die donnernden Flügelschläge wieder lauter wurden. Mit schwindender Distanz zwischen dem Vogelvieh und ihr selbst, wuchs die Furcht in Annas Herzen.

Im nächsten Moment passierte alles auf einmal. Ehe die Schein-Elfe sich versah, hatte das riesige Ungetüm ihren Freund in seinen Klauen und flog mit dem schreienden Jungen davon. Voller Schrecken verfolgte Anna das grausige Geschehen. Unweit von der Lichtung, in den steilen Klippen, die den Wald in drei Himmelsrichtungen umzäunten, ließ der monströse Greifvogel sich in seinem Nest nieder. Einige Minuten vergingen, bevor Anna sich aus ihrer Schockstarre befreien konnte. In der Zwischenzeit hatte der Vogel sein Nest bereits wieder verlassen. Als er erneut über den Kopf der kleinen Fee hinwegflog, waren seinen Klauen leer. Das Federvieh musste Paul in seinem Nest zurückgelassen haben. Plötzlich erinnerte Das Mädchen sich daran, wie Mama ihr erzählt hatte, dass Vögel oft große Mengen an Futter beschafften, um sich auf das Schlüpfen ihrer Jungen vorzubereiten. Das musste der Grund dafür sein, dass der Greifvogel ihren Freund entführt hatte, nur um Augenblicke später erneut auf die Suche nach Nahrung zu gehen.

Kalter Angstschweiß stand Anna auf der Stirn. Sie wusste was sie tun musste, um Paul zu retten. Ihr blieb keine andere Wahl als die Abwesenheit des Vogels zu nutzen, in sein Nest hinaufzufliegen und den Elfenjungen in Sicherheit zu bringen. Obwohl der Plan simpel war, zögerte die Schein-Elfe einen Moment. Paul war der erste Freund, den sie jemals hatte, der sich nicht über ihre Flügel oder ihr komisches Zuhause lustig gemacht hatte und sie befürchtete, dass sich alles ändern würde, sobald er herausfand, dass sie gar keine Elfe war. Doch die Dringlichkeit der Lage wurde ihr schnell bewusst und Anna schüttelte all ihre Zweifel ab, um ihrem Freund zur Hilfe zu eilen.

5. Die Rettungsaktion

Anna blieb keine Zeit um sich um sich selbst zu sorgen. Sie musste Paul aus dem Nest des bösen Vogels befreien, bevor dieser von seiner Jagd zurückkehrte. Schnell wie der Wind streifte die kleine Fee ihren Mantel ab und reckte und streckte ihre Flügel im Sonnenlicht. Es fühlte sich gut an, sie nicht mehr verstecken zu müssen und sie erfüllten das Mädchen auch mit ein wenig Stolz. Schließlich würde sie nur dank ihren Flügeln dazu in der Lage sein, Paul zu retten.

Geschwind schwang Anna sich in die Lüfte. Je höher sie flog, umso stärker wurde der Gegenwind, aber sie blieb standhaft. Innerhalb weniger turbulenter Minuten hatte sie das Nest der fliegenden Bestie erreicht. Sie ließ sich selbst auf den erhobenen Rand aus Ästen und Blättern hinabsinken und ihren Blick suchend über das Innenleben der Brutstätte schweifen.

Im Nest befanden sich eins, zwei, drei, vier, FÜNF Eier! Sie waren so groß wie sie selbst und aus dem Inneren von manchen, konnte sie ein Klopfen und Scharben hören. Anna musste sich beeilen, denn die Babys würden bald Schlüpfen und dann wäre ihre Mama sicher auch nicht weit.

Hinter einem der riesigen Eier erspähte sie Paul. Der Junge schaute sich völlig verwirrt um, als hätte er noch nicht ganz begriffen, was gerade eigentlich geschehen war. Er hatte Annas Ankunft scheinbar noch gar nicht bemerkt, denn er zuckte kurz zusammen, als sie zu ihm hinüberflog und ihm eine Hand reichte. Nach einem kurzen Moment der Verwirrung, nahm er ihre Hilfe dankbar an. Der Elfenjunge schien ihre Flügel gar nicht zu bemerken, obwohl sie nicht zu übersehen waren. „Halt dich gut fest!“, rief Anna ihm zu, bevor sie gemeinsam abhoben. Paul baumelte seelenruhig an den Armen des Mädchens über dem Vogelnest, doch seine Gelassenheit war nicht von Dauer. Sobald die beiden das Nest verlassen hatten und sich unter ihnen nur noch der freie Fall befand, bekam der junge Elf es mit der Angst zu tun. Er zappelte und rief nach seiner Mama und Anna konnte sich das ein oder andere Schmunzeln nicht verkneifen.

Nach einem kurzen, aber sehr unterhaltsamen Flug, erreichten die beiden Gefährten den kleinen Waldweg, der zurück zum Dorf führte. Paul konnte sein Glück kaum fassen, als er wieder den Boden unter seinen Füßen spürte. Anna fand das urkomisch und brach in schallendes Gelächter aus. Verwundert sah der Elfenjunge sie an. Er schien nicht zu verstehen, was seine neue Freundin so lustig fand. „Vorm Fliegen muss man keine Angst haben. Das macht Spaß und ist auch ganz sicher!“, klärte Anna den verwirrten Jungen auf. Auf einmal kicherte auch Paul und sagte: „Bei unserem nächsten Flug stelle ich mich besser an, verspochen.“

Die kleine Elfe konnte ihren Ohren kaum glauben. Paul wollte ein zweites Mal mit ihr durch die Lüfte ziehen. Er fand ihre Flügel nicht komisch, sondern sah sie als etwas

ganz Normales, an dass er sich nur noch gewöhnen musste. Anna war noch nie zuvor stolzer darauf gewesen, eine Fee zu sein.

Ende.

6. Die Moral

Anna ist ein ganz besonderes Mädchen, findest du nicht auch? Es ist schade, dass sie dachte, dass sie sich für ihre schönen Flügel schämen muss. Zum Glück hat sie Paul kennengelernt, der sie genau so mag, wie sie ist.

Die Moral von Annas Geschichte ist, dass du dich niemals verstellen solltest, nur um anderen zu gefallen. Es ist viel besser, einfach du selbst zu sein. Echte Freunde werden dich nämlich für all deine wundervollen Eigenheiten gernhaben, genauso wie Paul die kleine Fee Anna gernhat.

Und, hast du die Moral entdeckt? Oh, wirklich? Das ist ja wunderbar! Du bist schlau, aber das wusste ich schon, als du zur Tür hereingekommen bist. Dann werde ich die Moral in der nächsten Geschichte wohl ein bisschen besser verstecken müssen.

Mal sehen… Wie wäre es denn mit einer Geschichte über ein etwas ungeschicktes Zwergen-Mädchen? Naja, eigentlich ist sie gar nicht so ungeschickt, nur ein wenig missverstanden. Das muss alles sehr verwirrend klingen. Am besten erzähle ich dir die Geschichte von Anfang an…

Der grüne Daumen

1. Zwei linke Hände

Es war einmal eine Stadt in den Bergen. Ihr Name war Kleinstadt und sie war die Hauptstadt der Zwerge. Sie war riesengroß und jede Menge Zwerge nannten sie ihr Zuhause. So auch die kleine Pia. Pia war acht Jahre alt, mit zotteligem, braunem Haar, dass sie in zwei Zöpfen an ihrem großen Kopf trug. Wie alle anderen Zwergen-

Kinder, besuchte auch Pia die Schule für Handwerkskunst am Rande des Marktplatzes. Dort wurde ihnen beigebracht, wie man Maschinen ölt, einen Schraubenschlüssel benutz und Zahnräder verzahnt. Die Zwerge waren im ganzen Land bekannt für ihre Apparaturen, die das Leben vereinfachten. Pias Papa hatte zu Beispiel eine Maschine erfunden, die nasse Wäsche trocken machen kann, und ihre Nachbarin Frau Hammer hatte einen Apparat gebaut, der ihr ihre Lieblingsbücher aus dem obersten Regal hinunterreicht.

Fast jeder Bewohner von Kleinstadt hatte eine solche Erfindung vorzuweisen und die, denen die passende Idee einfach noch nicht gekommen war, machten sich anderweitig nützlich. Sie reparierten beispielsweise die Maschinen der anderen Zwerge oder fertigten Duplikate von besonders nützlichen Apparaturen an, damit jeder sie nutzen konnten. Obwohl Pia und ihre Klassenkameraden noch Jungzwerge in der Ausbildung waren, halfen sie den Erwachsenen oft bei der Arbeit. An manchen Tagen, so wie heute, machten sie Ausflüge zur großen Fabrik und schraubten und werkelten dort so an den Geräten herum, wie sie es in der Schule gelernt hatten.

Pia bekam immer Bauchschmerzen, wenn ein Ausflug zur Fabrik bevorstand. All ihren Freunden gefiel die Arbeit mit schweren Werkzeugen und kaltem Metall, aber Pia machte das gar keinen Spaß. Egal wie sehr sie sich auch bemühte, das sture Handwerkszeug wollte ihr einfach nie gehorchen. Ständig rutschte sie mit dem Hammer ab, bis ihre Finger grün und blau waren. Mama scherzte immer, dass das Zwergen-Mädchen zwei linke Hände habe, aber Pia wusste nicht genau, was das bedeuten sollte. Sie war sich ziemlich sicher, dass sie eine linke und eine rechte Hand hatte. Doch wenn Mama sagte, dass dem nicht so war, würde da sicher etwas Wahres dran sein.

Als Papa das kleine Mädchen heute also an der Hand über die Straße am Markplatz führte, sagte es kein Wort. Pia hatte auf dem ganzen Schulweg nicht gesprochen.

Sie war viel zu beschäftigt damit, sich um den heutigen Fabrikbesuch zu sorgen. Als die beiden vor der Tür zu ihrem Klassenzimmer zum Stehen kamen, kniete Papa sich zu ihr herunter, gab ihr einen Kuss auf die Stirn und sagte: „Gib einfach dein Bestes. Mama und ich sind immer stolz auf dich.“. Das Mädchen schenkte ihm ein kleines Lächeln, umarmte ihn hastig und betrat anschließend das Klassenzimmer.

2. Mitternachtsblau

Nachdem Frau Zange die Anwesenheit kontrolliert hatte, machte sich die ganze Klasse in Zweierreihen auf den Weg zum Ausflugsziel. Die Fabrik lag am Stadtrand und war somit zu Fuß eine halbe Stunde von der Schule entfernt. Pia und ihre Freundin Miriam hatten sich als Pärchen zusammengefunden. Die beiden waren schon seit dem Kindergarten unzertrennlich gewesen, obwohl sie unterschiedlicher nicht hätten sein können. Miriam war die beste Handwerkerin in der Klasse. Ihren Eltern gehörte eine Fabrik am anderen Ende von Kleinstadt, in der Getriebe für Eiscreme-Maschinen hergestellt wurden. Wie es der Zufall so wollte, waren Pias Eltern die Besitzer eines kleinen Ladens, in dem sie Ersatzteile für Eiscreme-Maschinen verkauften. Daher waren die beiden Familien schon immer gut befreundet gewesen.

„Freust du dich auch schon so sehr auf die großen Maschinen?“, fragt Miriam enthusiastisch. „Ja, sicher.“, entgegnete Pia, ohne den Blick von den Blumen am Wegesrand abzuwenden. Es waren sonnengelbe Schmetterlingsblüten, das wusste die kleine Zwergin genau. Man konnte den Nektar der Blume nutzen, um eine Salbe gegen Ausschlag herzustellen. Pia liebte Pflanzen über alles. Zuhause hatte sie in ihrem Garten schon oft versucht, ihre Lieblingsblumen anzupflanzen.

Am Anfang hatte das noch nicht so gut funktioniert, darum hatte Mama ihr ein Buch gekauft. In dem Buch waren Bilder von allen Gräsern, Kräutern und Blumen, die in der Umgebung von Kleinstadt wuchsen. Zu jedem

Bild gab ist außerdem einen Text, in dem erklärt wurde, woran man die Pflanze in freier Wildbahn am besten erkennen und welche Wirkung man mit ihr hervorrufen konnte. Es war das schönste Geschenk, das Pia je bekommen hatte, daher nahm sie es überall hin mit. Nichts machte ihr mehr Spaß, als eine neue Pflanze zu entdecken und in ihrem schlauen Buch danach zu suchen. Miriam verstand zwar nicht, was Pia an dem Grünzeug so gut gefiel, aber sie hörte dem Mädchen immer aufmerksam zu, wenn dieses sich mal wieder in ihren Ausführungen über einen besonders schönen Frühblüher verlor.

Als die Schülergruppe vor dem Tor zum Fabrikgelände zum Stehen kam, erblickte Pia plötzlich etwas im Augenwinkel. Hinter einer Hausecke, ein paar Straßen weiter, streckte eine Blume ihren mitternachtsblauen Blütenkelch hervor. Sein Anblick zog die kleine Zwergin sofort in seinen Bann. Diese Blume hatte sie hier zuvor noch nie gesehen. Sie konnte dem Drang nicht widerstehen. Sie musste sich die mysteriöse Pflanze unbedingt genauer ansehen.

Während das große Tor zum Einlass geöffnet wurde und die aufgeregten Kinder in den Innenhof strömten, nutze Pia den kurzen Moment des Durcheinanders, um sich unbemerkt von der Gruppe davonzuschleichen.

3. Die Ausreißerin

Auf leisen Sohlen und mit schnellen Schritten machte Pia sich auf den Weg zu dem Haus mit der mitternachtsblauen Blume. Die Stimmen der anderen Kinder wurden leiser und leiser je weiter sich das Mädchen vom Fabrikgelände entfernte. Sie hatte nur noch Augen für die schönen Blütenblätter und ging schnurstracks auf sie zu. Als sie die Hausecke erreichte, setzte sich die Zwergin im Schneidersitz auf den Boden und begann in ihrem Schulranzen nach ihrem geliebten Pflanzenbuch zu kramen. Schließlich zog sie das schwere Ding heraus und begann hektisch in seinen

Seiten zu blättern. Pia wusste, dass sie sich beeilen musste. Es war nur eine Frage der Zeit, bis Frau Zange ihr Verschwinden bemerken und nach ihr suchen würde. Sicher würde sie großen Ärger bekommen. Schließlich war dies nicht das erste Mal, dass die Ausreißerin sich von einer Blume vom rechten Weg hatte abbringen lassen.

„Da bist du ja!", rief Pia freudig aus, als sie nach einiger Zeit endlich auf eine Abbildung des blauen Blütenkelchs hinabblickte. Sie begann zu lesen:

Die blaue Mitternachts-Blume ist einer der seltensten Vertreter der Nachtschattengewächse. Zu erkennen ist ein Exemplar an den tiefblauen Blütenblättern, die zu einem runden Kelch angeordnet sind…

Widerwillig hielt die kleine Leseratte sich davon ab, weiterzulesen. Sie wusste, dass ihr nicht genug Zeit blieb, um sich erneut in den Seiten des schönen Buches zu verlieren. Schweren Herzens steckte Pia ihr Lesezeichen zwischen die geöffneten Seiten und schlug den Wälzer zu. Sie war gerade dabei, ihn wieder in ihrem Ranzen zu verstauen, als sie einen panischen Aufschrei aus der Richtung der Fabrik hörte. Nach einem kurzen Moment der Verwirrung, erkannte die kleine Zwergin die Stimme des Aufschreis als die von Frau Zange wieder und eilte mit Sack und Pack zurück zum Tor der Fabrik.

4. Die Frösche sind los!

Verwirrung ergriff Besitz von Pia, als sie sah was in ihrer Abwesenheit geschehen war. Frau Zange saß mit zerzausten Haaren und panischem Blick auf dem Boden vor der Fabrikhalle. Um sie herum tummelte sich eine Scharr von Fröschen. Einer quakte lauter als der andere. Von ihren Klassenkameraden war keine Spur zu erkennen. *Sind die anderen schon reingegangen?*, wunderte sich Pia.

Im Unklaren darüber, was passiert war, eile sie an die Seite ihrer wirren Lehrerin. „Es tut mir leid Frau Zange. Ich habe mich von der Gruppe entfernt, um mir eine schöne Blume genauer anzusehen. Sind die anderen schon hineingegangen?“, entschuldigte sich die kleine Ausreißerin stammelnd, in der Hoffnung, so mehr über die aktuelle Lage in Erfahrung bringen zu können. Als hätte Pia mit ihren Worten einen Bann gebrochen, riss die Lehrerin sich aus ihrer Schockstarre los und rappelte sich auf. „Über deinen Ungehorsam werden wir uns später unterhalten, Pia. Etwas Schreckliches ist geschehen. Ich muss Hilfe rufen!“, erwiderte Frau Zange mit zittriger Stimme, machte auf dem Absatz kehrt und eilte zu ihrer Tasche, deren Inhalt verstreut auf dem Boden herumlag.

Nun war Pia noch verwirrter als am Anfang. Was war hier nur geschehen, während sie weggewesen war? Vollkommen durcheinander beobachtete das Zwergen-Mädchen ihre Lehrerin, als diese versuchte die kleinen Frösche mit den Händen zu fangen und in ihrer Tasche zu verstauen. Ihr Vorhaben war von wenig Erfolg gekrönt. Die kleinen grünen Kerlchen schienen nicht allzu kooperativ zu sein. Sie hüpften kreuz und quer und glitten der aufgelösten Frau immer wieder durch die Finger.

Pia hatte keine Ahnung, warum Frau Zange die Frösche unbedingt mitnehmen wollte. Da ihr das Anliegen aber wichtig zu sein schien, entschloss sie sich dazu ihr zu helfen. Das Mädchen kniete sich neben der zerzausten Froschfängerin auf den Boden und begann damit, nach den ungezogenen Fröschlein zu greifen. Es war viel schwerer als sie es sich vorgestellt hatte. Sie grünen Kerlchen waren flink und glitschig noch dazu, aber nach einigen Versuchen hielt Pia endlich einen von ihnen in ihren Händen. Er fühlte sich lustig an, so kalt und nass, dass Pia sich ein Kichern nicht verkneifen konnte.

Ihre Lehrerin schien erst jetzt zu bemerken, dass die Froschjagd des Mädchens erfolgreich gewesen war. „Sei vorsichtig. Drück das arme Kerlchen nicht zu fest, sonst tust du ihm noch weh. Ich kann sie beim besten Willen nicht mehr unterscheiden, aber dieser Frosch ist einer deiner Klassenkameraden.“, erklärte Frau Zange traurig.

Pia blieb daraufhin erstmal die Luft weg. Sie wusste gar nicht, was sie sagen sollte, so schockiert war sie. Warum waren all ihre Freunde auf einmal Frösche? Sie blickte dem kleinen, grünen Tier in ihren Händen in die glasigen Augen und meinte in ihnen Miriam erkennen zu können. Ihre eigenen Augen füllten sich mit Tränen und als sie endlich wieder Worte fassen konnte, fragte sie ihre Lehrerin: „Wer hat das getan?“. Ohne ihren Blick von den springenden Fröschlein um sie herum abzuwenden, erklärte Frau Zange: „Die böse Hexe vom Berg ist hinabgeflogen gekommen und hat sie alle verzaubert. Sie ist wütend, weil sie nicht versteht, was in der Fabrik passiert und sie hat Angst vor dem, was sie nicht versteht.“. Mama hatte Pia schon ein paar Mal von der alten Hexe erzählt. Sie hatte schon immer auf einem Berg in der Nähe von Kleinstadt gelebt und mochte die Zwerge und ihre Erfindungen überhaupt nicht. Manchmal stieg sie von ihrem Berg hinab, um Unheil in der Stadt zu stiften. Bisher hatte die Zauberin nur Apparaturen manipuliert oder Ersatzteile verschwinden lassen, soweit Pia wusste. Das Mädchen konnte nicht fassen, dass die Alte in ihrer grenzenlosen Wut nicht einmal vor ihren Freunden Halt gemacht hatte.

Als sie ihre zerstreuten Gedanken schließlich einigermaßen gesammelt hatte, fragte sie ihre Lehrerin: „Was kann ich tun, um ihnen zu helfen?". Kopfschüttelnd erklärte Frau Zange ihr, dass es nichts gäbe, was sie im Moment tun könne. Enttäuscht verstaute Pia Frosch-Miriam in der tiefen, braunen Tasche. Daraufhin sagte Frau Zange seufzend: „Es hat alles keinen Zweck. Wir verschwenden nur unsere Zeit, wenn wir hier herumsitzen und versuchen, sie alle einzufangen. Ich werde zurück in die Stadt gehen und dort Hilfe holen. Sei ein braves Mädchen und pass so lange auf deine Klassenkameraden auf.". Mit diesen Worten griff sie nach ihrer Tasche, zuckte aber erschrocken zurück, als Frisch-Miriam ihr entgegensprang. Schließlich machte sie sich ohne das braune Lederteil auf den Weg und Pia konnte sich ein

Kichern nicht verkneifen. Sie war sich nun sicher, dass dieser Frosch Miriam sein musste.

5. Ein grüner Daumen

Nachdem Frau Zange das Fabrikgelände durch das Eingangstor verlassen hatte, hatte Pia sich dazu entschieden, die Wartezeit zu überbrücken, indem sie sich etwas mit ihrem Buch ablenkte. Sie lehnte sich mit dem Rücken gegen eine der steinernen Außenwände der großen Halle und schlug die Seite mit der mitternachtsblauen Blume auf. Sie war wunderschön und brachte Pia gleich auf andere Gedanken. Freudig begann sie dort weiterzulesen, wo sie zuvor aufgehört hatte.

Aufgrund ihrer Seltenheit kennen nur die wenigsten die Wirkung der blauen Mitternachts-Blume. Zerdrückt man die Blütenblätter der Pflanze mit den Fingern, setzen diese einen Duft frei, welcher Verwandlungszauber mit sofortiger Wirkung rückgängig macht…

Pia hielt für einen Moment inne. Sie konnte ihr Glück kaum fassen. Konnte sie mit der schönen, blauen Blume wirklich ihre Freunde vom Zauber der Bösen Hexe befreien? Ohne Zeit zu verlieren, eilte das Zwergen-Mädchen auf ihren kurzen Beinen zum Tor hinaus. Ihren Rucksack, das Buch und die quakenden Frösche ließ sie im Innenhof zurück. Sie war so aufgeregt wegen ihrer Entdeckung, dass sie an nichts anderes mehr denken konnte. Hechelnd erreichte sie die Hausecke, an deren Fuß die magische Blume emporwuchs. Aus ihrer Tasche kramte das kleine Mädchen mit ihren dicken Fingern eine kleine Schere, mit der sie die Blume vorsichtig im Stiel abtrennte. Dann machte sie sich mit der Blume in der Hand schnell auf den Rückweg.

Im Innenhof der Fabrikanlage angekommen, ließ sie sich inmitten ihrer Frosch-Freunde auf die Knie plumpsen. Mit viel Feingefühl trennte sie eines der blauen Blütenblätter vom Kelch ab und zerdrückte es zwischen Daumen und Zeigefinger. Der Blütenmatsch verströmte plötzlich einen bitteren Geruch, der ganz anders als die vorherige Süße des intakten Blattes war. Erwartungsvoll schaute Pia sich um. Würde ihr Plan aufgehen? *Vielleicht bin ich zu spät gekommen und die Blume kann meinen Freunden nicht mehr helfen, weil sie schon zu lange in den Körpern von Fröschen gefangen sind.*, überlegte das Mädchen besorgt. Doch schon im nächsten Moment lösten sich all ihre Befürchtungen in Luft auf. Das allgegenwärtige Quaken verschwand und wich den vertrauten Stimmen ihrer Klassenkameraden. Eine nach der anderen wichen die schleimigen, grünen Fratzen mit den glasigen Augen den vertrauten Gesichtern ihrer Freunde.

Voller Vorfreude hielt Pia Ausschau nach Miriam. Sie konnte es kaum erwarten, ihre liebe Freundin wieder in die Arme zu schließen. Dann bemerkte sie auf einmal, wie jemand sie von hinten umarmte. Miriam war ihr scheinbar zuvorgekommen. „Ich habe dich ja so vermisst. Danke, dass du uns alle gerettet hast!“, flüsterte sie dem Zwergen-Mädchen während ihrer Umarmung zu.

Ehe die kleine Zwergin sich versah, beantwortete sie ihren Klassenkameraden alle möglichen Fragen zu ihrem Buch, zu den Pflanzen in ihrem Garten und zu der Blume, die sie alle gerettet hatte. Als Frau Zange eine Stunde später mit einer Gruppe anderer Erwachsener zurückkehrte, konnte sie ihren nicht glauben. „Was ist denn hier passiert? Warum seid ihr alle keine Frösche mehr?“, reif sie verwundert aus. Pia wollte gerade dazu ansetzen, ihr von der glücklichen Entdeckung zu erzählen, so wie sie es nun schon einige Male bei ihren Klassenkameraden getan hatte. Miriam kam ihr allerdings zuvor und berichtete Frau Zange lang und breit von den Heldentaten ihrer besten Freundin. Nachdem das aufgeregte Mädchen ihre Ausführungen zu Ende gebracht hatte, war die Lehrerin erstmal baff.

Als sie schließlich aber ihre Stimme wiedergefunden zu haben schien, verkündete sie stolz: „Es sieht ganz danach aus, als hätten wir eine waschechte Botanikerin in unserer Mitte. Zum Dank für deine Heldentat, darfst du die Wiese vor der Schule als Garten nutzen, wann

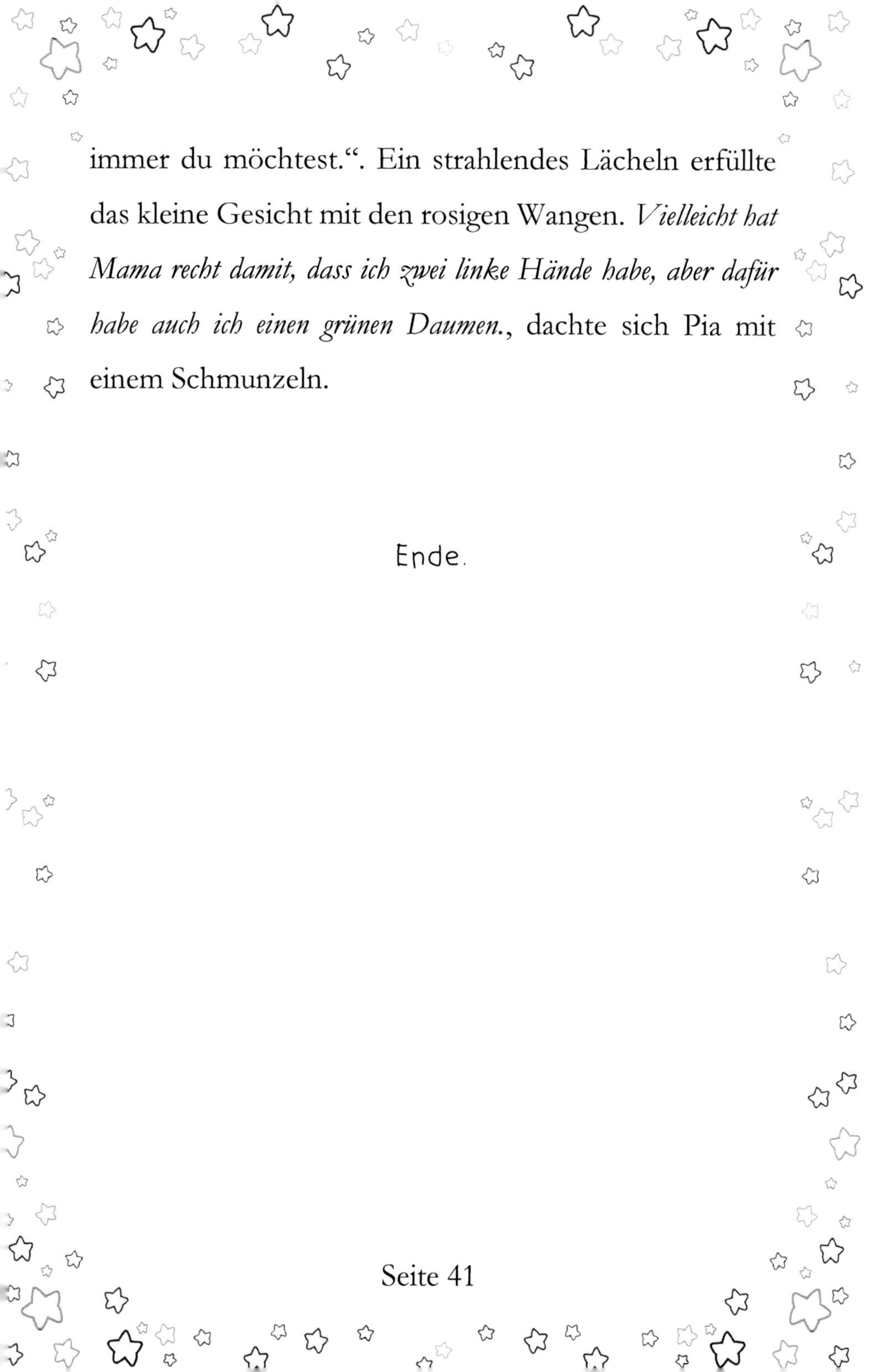

immer du möchtest.“. Ein strahlendes Lächeln erfüllte das kleine Gesicht mit den rosigen Wangen. *Vielleicht hat Mama recht damit, dass ich zwei linke Hände habe, aber dafür habe auch ich einen grünen Daumen.*, dachte sich Pia mit einem Schmunzeln.

Ende.

6. Die Moral

Ist dir in Pias Geschichte etwas aufgefallen? Zum Glück hatte sie ihr Buch dabei und konnte ihre Freunde so retten. Nicht auszudenken, was geschehen wäre, wenn die kleine Zwergin nicht zur Stelle gewesen wäre.

Aus Pias Geschichte kannst du lernen, dass du dich nicht schlecht dafür fühlen musst, in einer Sache nicht so gut zu sein, wie jemand anderes. Jeder hat seine Stärken, auch du! Pia ist handwerklich vielleicht nicht so geschickt, wie die anderen Zwerge. Dafür kann aber sie mit ihrem Wissen über Pflanzen punkten.

Und, bist du von selbst auf die Moral gekommen? Ja, bist du? Dabei dachte ich, dass ich sie dieses Mal besser versteckt hatte. Da muss ich mich bei der nächsten Geschichte wohl etwas mehr ins Zeug legen. Ich glaube ich habe auch schon genau das Richtige für ein cleveres kleines Mädchen wie dich.

Dieses Mal geht es um ein Gespenst. Keine Sorge, sie ist ganz lieb und du musst dich nicht vor ihr fürchten. Sie ist selbst ein wenig ängstlich. Ich weiß: Das ist ungewöhnlich für ein Gespenst, wo sie doch eigentlich Furcht und Schrecken unter den Menschen verbreiten sollte. Du willst nun sicher erfahren, wie das alles zusammenpasst. Dann will ich dich mal nicht weiter auf die Folter spannen. Alles begann an einem Abend im späten Oktober…

Das ängstliche Gespenst

1. Hilfe, es spukt!

Es war die Nacht vor Hannahs viertem Geburtstag. Wie jedes Jahr fiel er auf den 31. Oktober. Die anderen Kinder in Hannahs Alter sagten ihr ständig, wie aufregend es doch war, dass sie an Halloween geboren wurde. „Vielleicht bist du insgeheim ein Vampir oder ein Werwolf oder sogar ein Gespenst!", hatte ein Junge aus ihrer Kindergartengruppe einmal freudetrunken vorgeschlagen. Hannah selbst konnte seine Begeisterung aber nur schwer teilen. Sie schien die unheimlichen Wesen der Nacht nämlich genauso anzuziehen, wie Licht die Motten anzog. Seit Neustem hatte sich ein Gespenst in ihrem Kinderzimmer eingenistet. Es ließ ihre Bauklötze durch die Luft schweben, flocht ihren Puppen die Haare zu langen Zöpfen und malte Bilder von bunten Blumen mit ihren Wachsmalstiften. Das kleine Mädchen hatte ihrer Mama und ihrem Papa schon oft von den sonderbaren Begebenheiten erzählt, aber die glaubten ihr natürlich kein Wort. Wie auch? Immer wenn jemand anderes als Hannah das Dachgeschoss-Zimmer betrat, hörte es plötzlich auf zu spuken. Zu Beginn hatte das Hannah etwas verunsichert. *Vielleicht habe ich mir alles nur eingebildet.*, hatte sie damals gedacht.

Doch die sonderbaren Begebenheiten fingen immer wieder von Neuem an, sobald der kleine Geistermagnet allein war. Eine Sache war jedoch besonders merkwürdig: In der Nacht kehrte stehts Ruhe ein.

Niemand spielte mit Hannahs Murmelbahn, ihren Plastik-Zootieren oder ihren Brettspielen. All das geschah nur tagsüber. *Ein Gespenst muss eben auch mal schlafen.*, hatte das kleine Mädchen vermutet. Doch auch mit dieser Erklärung, fand sie das Verhalten ihres unsichtbaren Mitbewohners mehr als nur ungewöhnlich. Hannah hatte in dem Glauben gelebt, dass Geister nachtaktiv waren. Wie konnte ihr Gespenst in der Dunkelheit Angst und Schrecken verbreiten, wenn es in der Nacht immer schlief? *Vermutlich schleicht es sich bei Sonnenuntergang immer aus meinem Zimmer, um woanders zu spuken.*, hatte sie schließlich beschlossen.

Mit dieser Annahme hätte sie nicht falscher liegen können. Wie jede Nacht, hatte sich das Geistermädchen Laura dicht an sie gekuschelt. Ihre unsichtbaren Zähne klapperten fürchterlich, so große Angst hatte sie. Wovor ein Gespenst sich fürchtet, willst du wissen? Eigentlich haben Gespenster vor gar nichts Angst (außer vor Geisterjägern vielleicht), doch Laura war da etwas anders. Sie hatte riesige Angst vor der Dunkelheit. Ihre

Angst war so enorm, dass sie tagsüber spukte, um sich nachts nach getaner Arbeit unter Hannahs Bettdecke verkriechen zu können. Das war äußerst ungewöhnlich für Ihresgleichen. Normale Geister mieden das Tageslicht wie die Pest. Ein Wesen der Nacht hatte nichts unter den hellen Strahlen der Sonne zu suchen. Ihr Licht bewirkte, dass die Menschen sich sicherer fühlten, und das machte es um einiges schwerer, sie zu erschrecken. Viel leichter war es, dann zuzuschlagen, wenn die schwachen Menschlein einen nicht kommen sahen.

Im Schatten der Nacht verborgen, hatten Lauras Freunde ohne sie Spaß. Das machte den kleinen Angsthasen sehr traurig. Liebend gerne wäre sie mit ihnen durch die einsamen Gassen am alten Marktplatz gezogen oder hätte den Bauern in seiner Scheune das Fürchten gelehrt. Die Stimme in ihrem Kopf, die ihr sagte, dass sie den ganzen Spaß verpasste, wurde zu dieser Zeit des Jahres immer besonders laut.

2. Halloween

Halloween war für Geisterkinder genauso wichtig, wie es Geburtstage für Menschenkinder waren. Anstelle von Geschenken, zauberten ihnen die verängstigten Schreie ihrer schreckhaften Opfer ein Lächeln aufs Gesicht. Jedes Jahr trafen sich die kleinen Unruhestifter auf dem Friedhof am Stadtrand und schwärmten von dort aus hinaus in die entlegensten Winkel und Gassen der kleinen Ortschaft. Dort lauerten sie voller Vorfreude auf die ahnungslosen Kostümträger, die in dieser Nacht auf der Jagd nach Süßigkeiten von Haus zu Haus zogen.

Es war ein seltsamer Brauch der Menschen, den die Junggespenster nicht ganz verstanden. Es war befremdlich, die sonst so ängstlichen Fleischsäcke dabei zu beobachten, wie sie sich in unheimliche Monster verwandelten, um sich gegenseitig zu erschrecken. Und noch viel befremdlicher war es, dass sie die Schaurigsten unter ihnen mit bunten Leckereien belohnten. Doch die kleinen Geister hatten es schon lange aufgegeben, das seltsame Verhalten der Menschen zu entschlüsseln. Solange es ihnen eine Gelegenheit dazu gab, den Kostümträgern in den dunklen Straßen den Schrecken ihres Lebens einzujagen, sollte es den Nachwuchsgespenstern nur recht sein.

In den letzten Tagen und Wochen war keine Minute vergangen, ohne dass Lauras Freunde mit funkelnden Augen von all der wundervollen Ereignissen vergangener Halloweennächte geschwärmt hatten. Sie alle konnten es kaum erwarten, sich erneut in das Nachtleben der Menschen zu stürzen und diese daran zu erinnern, wie sich die Berührung von einem echten Geist anfühlte. Die kleinen Gespenster machten Scherze über die Kostüme der Menschenkinder, welche den Monstern, die sie darstellen sollten, nicht mal im Entferntesten ähnelten. Manchmal mussten sie davon so sehr lachen, dass ihnen der Bauch wehtat.

Die Einzige, die nicht mitlachen konnte, war die kleine Laura. Sie hatte Halloween noch nie mit den anderen verbracht, weil sie sich zu sehr davor fürchtete das Haus zu verlassen, wenn es draußen dunkel war. Tatsächlich hatte sie trotz all des Trubels, den die Geisterwelt um den Feiertag machte, noch nie zuvor in Betracht gezogen, an den Festlichkeiten teilzunehmen. Doch dieses Jahr war das anders.

3. Die Einladung

Laura hatte genau drei Freunde: Clara, Timo und Lea. Sie waren Geister, genau wie sie selbst, mit dem Unterschied, dass sie die Dunkelheit liebten. Das Einzige, was sie noch mehr liebten, als unachtsame Menschen in der Dunkelheit heimzusuchen, war es, unachtsame Menschen in der Dunkelheit an Halloween heimzusuchen.

Zu gerne hätten sie den ganzen Spaß mit ihrer Freundin Laura geteilt. Bisher hatten sie es gemieden, das kleine

Geistermädchen zum gemeinsamen Spuken einzuladen. Sie wussten, dass Laura schreckliche Angst vor der Dunkelheit hatte, und wollten sie zu nichts drängen, zu dem sie sich noch nicht bereit fühlte. Timo hatte den anderen beiden immer wieder versichert, dass es nur eine Frage der Zeit war, bis ihre Freundin all ihren Mut zusammennahm und sich dem lustigen Treiben der Nacht anschloss. Doch auch nach 128 Jahren ihrer Freundschaft ließ dieser Moment auf sich warten und so langsam beschlich die drei Freunde das Gefühl, dass Laura sich nie aus freien Stücken ihrer Angst Stellen würde.

Laura selbst hatte von den Überlegungen der anderen keine Ahnung. Natürlich wusste sie, dass es die drei Gespenster gefreut hätte, wenn sie sich ihnen ab und zu angeschlossen hätte. Doch sie war davon ausgegangen, dass es ihnen ultimativ egal war. Sie wusste nicht, wie unglücklich sie ihre Freunde damit machte, dass sie sich von ihrer Angst davon abhalten ließ, gemeinsam mit ihnen Spaß zu haben. Das Letzte was sie wollte, war ihre Freunde zu enttäuschen.

Als Lea ihr heute vorgeschlagen hatte, die anderen dieses Jahr auf ihrer Halloween-Spuk-Tour zu begleiten, fiel es ihr daher schwer abzulehnen. „Ich kanns ja mal versuchen.“, waren ihre eigenen Worte gewesen. Lea hatte ihr daraufhin ein einfühlsames Lächeln geschenkt. Sie schien zu wissen, wie schwer dem Mädchen das Aussprechen dieser Worte fiel. „Wenn du zu große Angst bekommst und lieber wieder nach Hause gehen möchtest, ist das auch nicht schlimm. Wir freuen uns riesig darüber, dass du es überhaupt versuchen willst.“, hatte Lea dem schüchternen Geister-Mädchen mit ihrer sanften Stimme versichert. In diesem Moment hatte ihre verständnisvolle Art Laura ungemein beruhigt. Doch als sie nun mit zugepressten Augen in dem dunklen Kinderzimmer lag, begann sie sich zu sorgen.

Morgen war es so weit. Laura würde sich ihrer Angst stellen müssen, wenn sie ihre Freunde nicht enttäuschen wollte. Doch allein der Gedanke an die dunklen Straßen und die kalte Nachtluft versetzte das Geistermädchen in Panik. Was würde passieren, wenn sie sie Anderen aus den Augen verlor und sich ganz allein wiederfand. Sie kannte die kleine Stadt mit all ihren Straßen und Plätzen nur aus Erzählungen. Das kleine Gespenst hatte Hannahs Kinderzimmer in ihrem ganzen Gespensterleben noch nie verlassen. Die Außenwelt war ihr fremd und machte ihr schon tagsüber ein wenig Angst. Nicht auszumalen, wie sehr sie sich fürchten würde, sollte sie sich dort nach Sonnenuntergang verlaufen.

Als sie so dalag und die Decke anstarrte, fiel ihr auf, dass sie gar nicht so recht wusste, warum die Dunkelheit ihr so eine höllische Angst einjagte. Vielleicht hatte sie in ihrem früheren Leben als Mensch in der Dunkelheit einen Geist gesehen und fand das so unheimlich, dass sie über 100 Jahre später immer noch nicht darüber hinweggekommen war.

Worin auch immer die Ursache für die sonderbare Phobie lag, der Mut sie zu überwinden verließ Laura nach und nach, bis sie in den frühen Morgenstunden des nächsten Tages an nichts anderes mehr denken konnte, als eine Möglichkeit zu finden, heute Nacht die Sicherheit des Hauses nicht verlassen zu müssen.

4. Der Moment der Wahrheit

Laura verbrachte den ganzen Tag damit, Pläne zu schmieden, um der Herausforderung zu entgehen. Natürlich hätte sie einfach ehrlich zu ihren Freunden sein können, aber der Gedanke sie zu enttäuschen, hinterließ einen bitteren Nachgeschmack in Lauras Mund. In ihren Augen war es eine viel bessere Idee, den anderen eine Erkältung vorzugaukeln. Vor allem Lea würde zwar sicher Verdacht schöpfen, aber das kleine Gespenst war sich sicher, dass sie ihre Freundin mit ihrem schauspielerischen Geschick schlussendlich überzeugen konnte.

Als die Geister-Kinder voller Vorfreude durch die Wand des Kinderzimmers geschwebt kamen, um ihre Freundin Laura abzuholen, waren sie nicht wenig verwundert darüber, diese bis zum Hals zugedeckt im Bettchen vorzufinden. „Was ist denn los?“, fragte Timo mit verwirrter Miene. Er und die beiden anderen schienen zu ahnen, dass Laura sich ihnen heute Nacht wohl nicht anschließen würde. „Mir geht es nicht gut. Ich muss mir wohl was eingefangen haben.“, erwiderte das Mädchen schwach und hüstelte kränklich. Noch viel skeptischer als zuvor horchte Lea sie nun aus: „Aber du bist ein Gespenst Laura. Gespenster bekommen keinen Husten und keinen Schnupfen und erkälten sich auch sonst nicht.“. Mit einer angehobenen Augenbraue blickte sie der vermeintlichen Schwindlerin in die tiefen Augen und wartete auf eine Antwort. „Ich glaube es liegt daran, dass ich so lange bei den Menschen gelebt habe. Vielleicht wurden meine magischen Kräfte dadurch geschwächt und ich kann jetzt wieder krank werden.“, erklärte die kleine Heuchlerin ihrer misstrauischen Freundin mit so viel Überzeugung wir möglich. Diese schien mit ihrer Antwort trotzdem unzufrieden zu sein, also legte Laura nach: „Ich fühle mich wirklich schwach und ich möchte euch nicht den Spaß verderben.“. Als ihr nun die sonst so ruhige Clara ins Wort fallen zu wollen schien, fügte das Mädchen schnell hinzu: „Ihr könnt ja schonmal ohne mich vorgehen und ich komme dann einfach nach, wenn ich mich ein wenig ausgeruht habe.“. Nach und nach erhellten die düsteren Gesichter der Geisterkinder. Sie waren positiv davon überrascht, dass Laura sie unbedingt begleiten wollte und sich dafür sogar bei Krankheit aus dem Bett gequält hätte.

Die Geste bedeutete ihnen sehr viel. Sie versicherten ihrer Freundin mehrfach, dass deren Gesundheit ihnen am allerwichtigsten war. „Wir sind nicht enttäuscht von dir. Ruh dich aus und mach dir um uns keine Gedanken. Vielleicht klappt es ja nächstes Jahr.“, beteuerte Lea ihr mit einem fürsorglichen Lächeln auf den Lippen, bevor die drei Freunde sich verabschiedeten und hinaus in die Nacht schwebten.

Die scheinbar kranke Laura konnte ihr Glück währenddessen kaum fassen. Sie hatte sogar Lea erfolgreich hinters Licht geführt! Doch nach diesem kurzen Augenblick der Euphorie wurde ihr schmerzlich bewusst, dass das nichts war, worauf sie stolz sein sollte. Wie hatte sie das nur tun können? Die drei Gespenster waren ihr gegenüber immer so lieb und verständnisvoll gewesen und womit hatte sie es ihnen gedankt? Damit, dass sie ihre Gutmütigkeit ausgenutzt und ihnen scharmlos in Gesicht gelogen hatte.

Laura war so enttäuscht von sich selbst, dass sie wirklich begann sich krank und schwach zu fühlen und so blieb sie im Bett liegen, bis sie ihre Augen nicht mehr offenhalten konnte und schließlich erschöpft einschlief.

5. Achtung Geisterjäger!

Das aufgeregte Stimmchen der vierjährigen Hannah beendete Lauras Schlummer so plötzlich wie er begonnen hatte. „…Geisterjäger? Und sie haben echte

Geister gefangen?“, erkundigte sich ihr Papa vorsichtig, als das kleine Mädchen kurz mit dem Reden aufhörte, um Luft zu holen. Völlig außer Atem bestätigte sie seine Aussagen: „Ja Papa! Ich habe sie mit meinen eigenen zwei Augen gesehen. Die gelben Männer haben die Gespenster mit ihrem Staubsauger eingesaugt und in dem Staubsauger ist so ein komisches Pulver und… und das Pulver macht die Gespenster für uns Menschen sichtbar!“. Die kleine stolperte fast über ihre eigenen Worte, als sie versuchte, ihren Eltern das Gesehene bestmöglich zu schildern. Trotz all ihrer Bemühungen schienen diese ihrer Geschichte aber wenig Glauben zu schenken. Stattdessen schlug ihre Mama vor, eine schöne Schale für all die Süßigkeiten auszusuchen, die Hannah gesammelt hatte.

Laura, die das Gespräch vom Bett aus belauscht hatte, schreckte plötzlich aus ihrem Halbschlaf hervor. Ihr müder Blick viel auf die kleine Gestalt am anderen Ende des Raumes. Sie war in ein weißes Bettlacken gehüllt, was, wie Laura mittlerweile wusste, die Art und Weise war, auf die die Menschen Geister darstellten. Ihre kleine Mitbewohnerin Hannah musste für Süßes oder Saures um die Häuser gezogen sein und war dabei auf die sonderbaren *gelben Männer* gestoßen.

Laura wurde schmerzlich bewusst, was all das zu bedeuteten hatte. Ihre Freunde schwebten in großer Gefahr. Wenn die Geisterjäger sie noch nicht erwischt hatten, musste sie sie unbedingt so schnell wie möglich warnen. Doch woher sollte sie wissen, wo die drei kleinen Geister sich zum aktuellen Zeitpunkt aufhielten? Sie hätten überall sein können. Überall, verborgen in der Dunkelheit der Halloween-Nacht. Laura fühlte sich, als würde sich auf ihrem ganzen Körper eine Schicht aus Gänsehaut bilden. Wenn sie ihre Freunde retten wollte, bevor die Geisterjäger mit ihnen über alle Berge verschwunden waren, blieb ihr keine andere Wahl, als sich ihrer Angst vor der Dunkelheit zu stellen,

So schwer es Laura auch fiel: Nach einem kurzen Augenblick des Zögerns schwebte sie schließlich durch die Wand des Kinderzimmers und fand sich mit einem Mal in der kalten Abendluft, drei Meter über dem Boden wieder. Ihre Umgebung erinnerte sie an die Albträume, die sie so oft hatte. Sie fühlte sich gleichzeitig schrecklich allein und als wären tausende Augen in der umgebenden Dunkelheit verborgen. Die Augen schienen jede ihrer Bewegungen genau zu beobachten. Am liebsten hätte sie um Hilfe geschrien oder wäre einfach wieder umgedreht. Doch sie tat keins von beiden, denn sie wusste, dass sie ihre Freunde auf keinen Fall im Stich lassen konnte. Nicht jetzt, wo sie sie am meisten brauchten. Mit zusammengebissenen Zähnen schritt Laura also ziellos voran. In ihrem Herzen trug sie die stetige Hoffnung, durch Zufall auf die drei kleinen Gespenster zu stoßen.

6. Mut

Hinter jeder Ecke vermutete Laura ein anderes Ungeheuer, dass nur darauf wartete sie im Ganzen zu verschlingen und jedes Mal lag sie mit ihrer Vermutung falsch. Man hätte meinen müssen, dass sie daraus lernte und ihre Furcht ablegte, doch sie zögerte bei jeder Hausecke von Neuem. Sie bildete sich außerdem ein, im Licht der Straßenlaternen unheimliche Gestalten tanzen zu sehen. Doch, nachdem sie sich die Augen gerieben hatten, waren sie genauso schnell wieder verschwunden, wie sie aufgetaucht waren. Ihr Mut war kurz davor sie zu verlassen, als ein lauter Wirrwarr aus Stimmen sie erreichte.

Sie folgte seinem Klang und fand sich schon bald auf einem großen Platz wieder, der mit grauen Steinen gepflastert war. *Das muss der Marktplatz sein.*, dachte Laura und erinnerte sich dabei an eine bestimmte Geschichte ihrer Freundin Clara, in der der Platz eine Rolle gespielt hatte. Am gegenüberliegenden Ende des runden Areals war eine Gruppe von Menschen versammelt. Von ihnen stachen 3 Männer besonders aus der Masse hervor. Sie waren von Kopf bis Fuß in quietschgelbe Schutzanzüge gekleidet. Der größere von ihnen hielt einen seltsamen Apparat in den Händen. Die Menschenansammlung, die sich um die sonderbaren Gestalten drängte, versperrte Laura jedoch die Sicht und so konnte sie nicht erkennen, worum genau es sich bei dem seltsamen Konstrukt in der Hand des großen *gelben Mannes* handelte. Sie vermutete, dass es der Staubsauger war, von dem die kleine Hannah Bericht erstattet hatte. Laura wusste, dass sie sich das Ganze unbedingt aus der Nähe ansehen musste, um zu überprüfen, wer sich im Inneren der Maschine befand. Vielleicht konnte sie die armen Seelen aus ihrer misslichen Lage befreien! Vor allem musste sie aber Vorsicht walten lassen. Hätten die Geisterjäger auch sie gefangen genommen, wäre niemandem geholfen gewesen.

Das kleine Gespenst entschloss sich trotzdem dazu, eine Rettungsaktion zu starten. Langsam näherte sie sich den gefährlichen Gestalten an. Dabei versuchte sie, die Luft um sich herum in so wenig Bewegung wie möglich zu versetzen. Die leichte Brise, die von ihr ausging, war für die Geisterjäger der einzige Hinweis auf Lauras Aufenthaltsort. Sie fühlte sich, als würde ihr das Herz aus der Brust springen, so nervös war das unsichtbare Mädchen. Das machte sie wiederum noch viel nervöser, wo sie doch gar kein Herz mehr hatte.

Ihre Nervosität war schlussendlich aber völlig unbegründet. Bei genauerer Betrachtung stellte sich heraus, dass die versammelten Menschen allesamt Vertreter der örtlichen Presse waren. Die *gelben Männer* waren viel zu beschäftigt damit, ihren schier unerschöpflichen Schwall an Fragen zu beantworten, um Laura auch nur die geringste Form von Beachtung zu schenken. Von ihrer neuen, verbesserten Position aus, hatte das schreckhafte Gespenst klare Sicht auf das Guck-Fenster an der Seite des Staubsaugers.

Als sie die Gefangenen im Inneren des grausigen Apparates erblickte, machte ihr nichtvorhandenes Herz fast einen Aussetzer. Die Geisterjäger hatten Timo, Lea und Clara eingesaugt! Laura schaute in ihre verängstigten Gesichter und zögerte nicht eine Sekunde. Sie schwebte in Windeseile hinüber zu der einsamen Straßenlaterne, die den gesamten Markplatz mit ihrem Licht erhellte und trennte in ihrem Inneren alle Kabel durch. Innerhalb eines Wimpernschlages waren die Reporter, Geisterjäger und Gespenster unter einer schwarzen Decke aus Dunkelheit verschwunden. Augenblicklich brachen panische Rufe in der Menschengruppe los. Das kam dem schlauen Gespenst gerade recht. Es nutzte die Rufe, um in der Finsternis zurück zu seinen Freunden zu finden. Als Laura sich schließlich wieder in unmittelbarer Nähe zur Menschenmenge befand, glaubte sie die Stimme des großen gelben Mannes unter all den anderen zu erkennen und bewegte sich in ihre grobe Richtung, bis sie direkt neben ihm zu stehen schien. In der Dunkelheit tastete das unsichtbare Mädchen am Gehäuse des

Staubsaugers nach dessen Umkehrschalter. Sie war sich zwar nicht sicher, ob das Ding überhaupt einen hatte, aber ihn umzulegen war die einzige Idee gewesen, die ihr auf die Schnelle gekommen war. Laura war kurz davor ihre Suche einzustellen und sich einen Plan B zu überlegen, als ihre Geisterfinger eine knubbelige Erhebung spürten.

Ohne Zeit zu verlieren, legte sie den Schalter um. Das laute Getöse des Staubsaugers erfüllte die Nacht und ließ die beistehenden Vertreter der Presse verstummen. „Wer hat die Geister befreit?!“, schrie der einer der *gelben Männer*. Laura hatte sich bei all ihrem Heldenmut noch gar keine Fluchtroute überlegt. Glücklicherweise wurde ihr diese Entscheidung aber von Lea abgenommen.

Diese griff die kleine Heldin bei der Hand und zog sie hinter sich her, bis das Duo sich im Licht einer intakten Straßenlaterne wiederfand. In der Seitengasse wurden die beiden bereits von Timo und Clara erwartet. Die turbulenten Ereignisse hatten sie zwar offensichtlich sehr mitgenommen, doch sie schenkten dem mutigen Geistermädchen trotzdem ein dankbares Lächeln. „Du hast uns gerettet! Du bist eine richtige Heldin. Wir haben immer gewusst, dass du supermutig sein kannst, wenn es darauf ankommt.“, lobte Lea sie.

Beschämt schaute Laura auf den gepflasterten Boden und widersprach ihrer Freundin: „Ich bin alles nur nicht mutig. Euch zu helfen war das Mindeste was ich tun konnte, nachdem ich euch angelogen habe, nur um mich nicht meiner Angst stellen zu müssen. Selbst jetzt zittere ich noch am ganzen Leib und würde nichts lieber tun, als mich unter Hannahs Bettdecke zu verkriechen.“. Eine kalte Träne kullerte ihr über die Wange, doch die ruhige Clara trocknete sie schnell mit dem Ärmel ihres langen Kleides. „Aber genau das macht dich doch so mutig! Obwohl du Angst hattest, hast du dich von ihr nicht davon abhalten lassen, uns zu retten. Du bist unheimlich tapfer.“, tröstete sie den mutigen Angsthasen und ein völlig neues Gefühl schwirrte in Lauras Brust. Stolz.

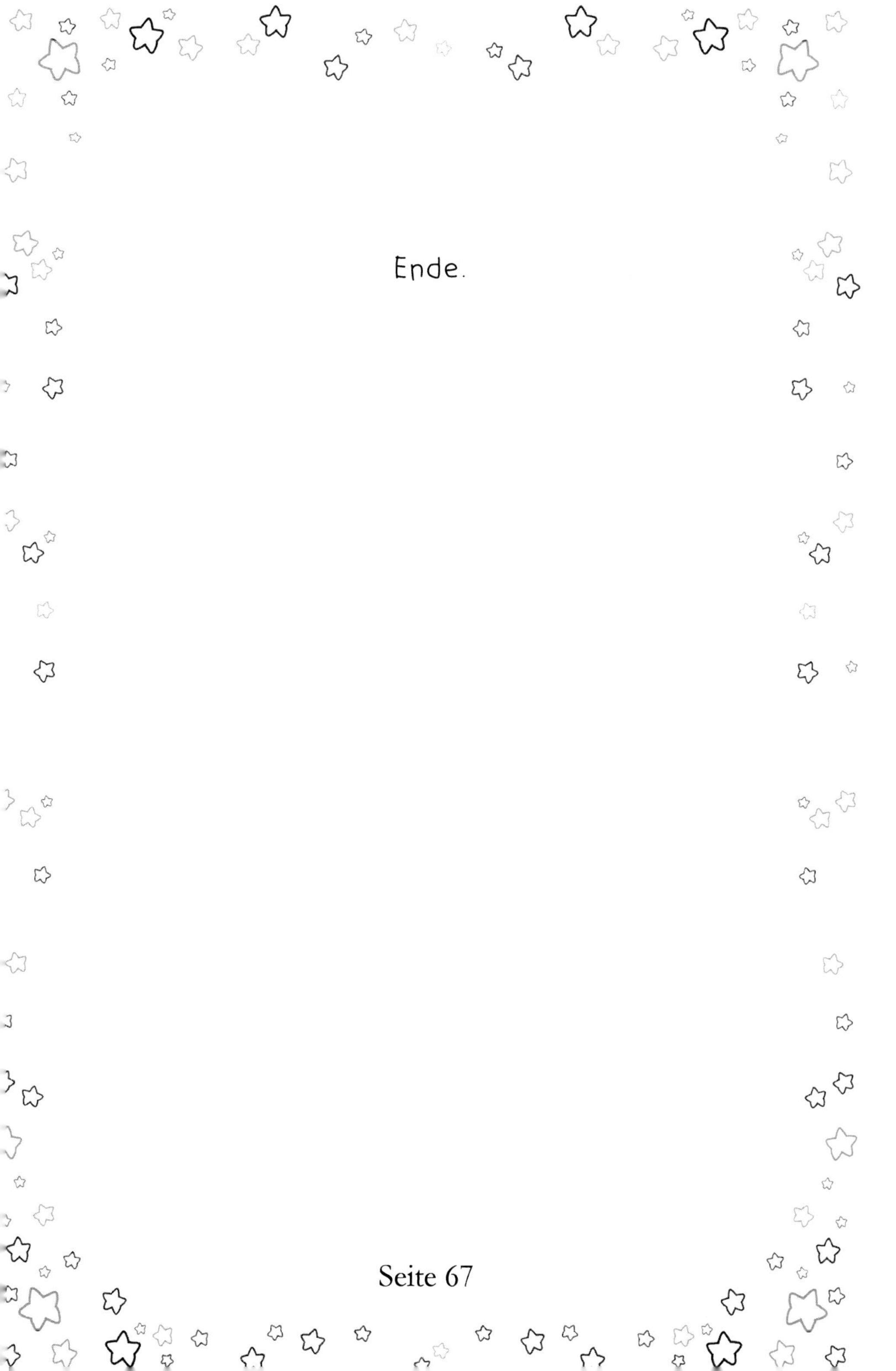

Ende.

7. Die Moral

Dieses Mal ist es dir bestimmt schwerer gefallen, die Moral in der Geschichte zu finden, oder? Ich habe sie extra besser versteckt, aber einem klugen Mädchen wie dir ist sie sicher trotzdem nicht entgangen.

Laura ist wirklich ein sonderbares, kleines Gespenst, nicht wahr? Einen Geist, der so große Angst vor der Dunkelheit hat wie sie, trifft man eher selten. Ich bin so froh, dass Laura ihre Freunde trotzdem retten konnte.

Nicht auszumalen, was ohne ihre schnelle Reaktion passiert wäre.

Die Moral dieser etwas anderen Geister-Geschichte ist, dass man sich nicht für seine Ängste schämen muss. Sie sind ganz normal und jeder hat irgendeine! Wichtig ist nur, dass du dich von deinen Ängsten nicht zurückhalten lässt, wenn es darauf ankommt. Stell dich ihnen öfter mal. Du wirst schon sehen, es ist gar nicht so schwer, wie du vielleicht denkst.

Konntest du die Moral entdecken? Ja? Du bist ein ja kleiner Detektiv. Deiner Spürnase entgeht einfach nichts. Wie wäre es, wenn wir bei der nächsten Geschichte um etwas wetten? Wenn du die Moral erneut findest, erfülle ich dir einen Wunsch deiner Wahl. Aber wenn ich die Moral so gut verstecke, dass du sie nicht allein findest, stellst du dich gleich Morgen einer deiner Ängste.

Das klingt doch fair, findest du nicht auch? Dann ist es beschlossen! Ich habe auch schon genau die richtige

Geschichte parat. Sie handelt von einer kleinen, grünen Außerirdischen, die dich unbedingt treffen will. Ihr ist zu Ohren gekommen, dass es auf der Erde ein ganz besonders Mädchen gibt, und sie will es unbedingt kennenlernen. Ihr Weg hierher ist aber gar nicht so leicht, denn die Erwachsenen sind überhaupt nicht begeistert von ihrem waghalsigen Plan.

Ein Mädchen und eine Raummission

1. Der Planet Ganzweitweg

Fühlst du dich nicht auch manchmal so, als würde dich jemand durch ein riesiges Teleskop beobachten? Mit diesem Gefühl bist du nicht allein. Vielen Menschen geht es ähnlich und das hat einen einfachen Grund. Am anderen Ende der Milchstraße befindet sich der Planet Ganzweitweg. Du bist sicher noch nie dort gewesen und hast vielleicht auch noch nie von diesem Ort gehört, doch die Grünköpfe nennen ihn Heimat. Eine Lieblingsaktivität der Außerirdischen ist es, die Menschen durch ihr großes Teleskop zu beobachten. Die Überwachung des Planten Erde dient der Informationsbeschaffung. Um genau zu sein: Der Beschaffung einer ganz speziellen Information, denn die kleinen grünen Männchen sind schon seit Jahrzenten auf der Suche nach dem Herstellungsverfahren der köstliche Zuckerringe, die die Menschen *Donuts* nennen.

Zum jetzigen Zeitpunkt befindet sich ein bemanntes Raumschiff der Grünköpfe auf dem Weg zu uns, um endlich einen Bäcker nach dem Rezept zu fragen. Da nur eine begrenzte Anzahl von Passagieren an Bord des Raumschiffs Platz fand, brachen vor Antritt der Mission Streitigkeiten unter den Aliens aus. Die Ältesten waren sich uneinig darüber, wer am besten für die Sache geeignet war. Schließlich hatte sie aber einen Entschluss gefasst, mit dem alle einverstanden waren:

Ein Wettbewerb würde darüber entscheiden, wer an Bord des Raumschiffs zur Erde reisen durfte. Jeder Grünkopf durfte teilnehmen, aber am Ende konnte es nur 10 glückliche Gewinner geben. Der Wettbewerb würde aus drei Runden bestehen, in denen jeweils eine Fähigkeit erprobt wurde, die auf intergalaktischen Reisen unverzichtbar war. In der ersten Runde mussten die Herausforderer ihre Überlegenheit in einem Anstarrwettbewerb unter Beweis stellen. Die zweite Runde entschied wiederum derjenige für sich, der innerhalb einer Minute die meisten grünen Törtchen verspeisen konnte. Die Sieger wurden jedoch erst nach der dritten Runde gekürt. Hier würde gewinnen, wer den Ältesten das schönste Gedicht vortragen konnte.

Die Kunde vom großen Wettbewerb erreichte die Bevölkerung eine Woche bevor dieser abgehalten werden sollte. Von einem Tag auf den anderen explodierte die Nachfrage nach Augentropfen, grünen Törtchen, Papier und Tinte quasi. Fast jeder kannte einen Grünkopf, der Tag und Nacht trainierte, um an der Raummission teilnehmen zu dürfen. Die Rivalen hätten dabei nicht unterschiedlicher sein können. Unter ihnen waren Vertreter aller Altersklassen und Geschlechter. Natürlich räumten die Erwachsenen den jüngeren Teilnehmern keine besonders großen Chancen ein. Den grünen Kindern war es zwar trotzdem gestattet anzutreten, doch die meisten ließen sich von den herablassenden Kommentaren der Älteren entmutigen und traten aus freien Stücken von ihrer geplanten Teilnahme zurück. So erging es fast allen Halbstarken – allen bis auf ein sonderbares Mädchen. Ihr Name war Greta und sie hatte sich dazu entschlossen, der Erde einen Besuch abzustatten.

2. Greta der Grünkopf

Sowie die anderen Kinder auf Ganzweitweg hätte Greta vermutlich ebenfalls die Flinte ins Korn geworfen, hätte sie nicht weitaus mehr angetrieben, als schiere Neugier und der Drang, etwas Neues zu entdecken. Doch Greta war auf der Suche nach einem besonderen Mädchen.

Jedes Jahr zog der Jahrmarkt durch das kleine Grünkopf-Dorf, in dem Greta gemeinsam mit ihren Eltern und ihrer großen Schwester Gina lebte. Mit sich brachte er gute Unterhaltung für jedermann und so schwärmten jährlich hunderte Grünköpfe auf das Festgelände, sobald der Jahrmarkt seine Pforten für die Besucher öffnete. Und selbstverständlich war Greta in diesem Jahr, wie schon in den Jahren zuvor, einer dieser Besucher.

Vor lauter Vorfreude wusste sie nicht, welche der Attraktionen sie zuerst besuchen sollte. Da waren das Kuriositätenkabinett, die Schule für kleine Zauberer, das Akrobatenzelt und noch so viele mehr. Ihrer Schwester

Gina fiel die Wahl deutlich leichter. Sie wollte zuerst eine Münze in den Wunschbrunnen werfen, doch Greta glaubte nicht an die vermeintlichen magischen Kräfte des Brunnens. Ihrer Meinung nach war im Leben alles mit dem Zeitpunkt der Geburt vorbestimmt und daran konnten Wünsche nichts rütteln. Das Poster einer Hellseherin mit dem verheißungsvollen Namen *Die große Gabriella* imponierte ihr daher deutlich mehr. Es konnte nicht schaden, auf künftige Ereignisse vorbereitet zu sein und sie wusste schon genau, was sie die alte Frau mit den bunten Perlen im Haar fragen würde.

Mit schüchterner Haltung betrat sie das Zelt der großen Gabriella. Die Wahrsagerin, die am anderen Ende des Raumes an einem kleinen Tischchen saß, blickte bei ihrem Eintreten von der Glaskugel auf, die vor ihr platziert war. Die grüne Frau hatte lange Fingernägel, die mit glitzernden Steinchen verziert waren und trug ein gemustertes Tuch auf dem Kopf, das nicht auf dem Poster zu sehen gewesen war.

3. Die große Gabriella

„Was kann die große Gabriella für dich tun, Greta?“, begrüßte die Alte das Mädchen. Dieses konnte seinen Ohren kaum glauben, als es seinen Namen aus dem Mund der Fremden hörte. *Sie konnte gar nicht wissen, dass ich Greta heiße… außer… außer sie kann wirklich in die Zukunft sehen und wusste, dass ich komme!,* schlussfolgerte die Kleine und ein wissendes Lächeln umspielte ihre Lippen. „Ich bin hier, weil ich wissen will, ob du in meiner Zukunft eine beste Freundin siehst.“, fragte Greta, die immer noch nicht aus dem initialen Staunen herausgekommen war.

Der Grund ihrer Frage war simpel. Das grüne Mädchen unterschied sich in einer entscheidenden Eigenschaft von den anderen Kindern auf Ganzweitweg. Sie liebte die Farbe Blau über Alles. Das war unter den Grünköpfen eine echte Seltenheit und wurde oft als schlechtes Omen interpretiert. Jedes Mal, wenn die kleine Greta also in ihrem blauen Kleid und mit ihrem blauen Rucksack den Spielplatz betrat, hielten die Eltern der anderen Grünkopf-Kinder diese von ihr fern. Das taten sie nicht aus Boshaftigkeit. Sie fürchteten nur, dass Gretas schlechtes Omen auf ihre eigenen Kinder abfärben könnte. Die Mutter der Blauliebhaberin hatte ihr das schon des Öfteren erklärt, aber Greta wünschte sich trotzdem nichts sehnlicher, als eine waschechte, beste Freundin zu haben. Eine, mit der sie auch dann spielen konnte, wenn sie ihr blaues Kleid mit dem blauen Rucksack trug.

Das kleine grüne Mädchen zitterte am ganzen Körper, als sie im Zelt der Wahrsagerin auf eine Antwort wartete. *Was soll ich nur tun, falls sie keine solche Freundin in meiner Zukunft sieht? Sie kannte meinen Namen, obwohl wir uns zuvor noch nie begegnet sind. Sie muss eine echte Verbindung zum Reich der Geister haben. Oh,… ich hoffe sie gibt mir eine positive Rückmeldung.*, grübelte sie nervös vor sich hin, während die große Gabriella ihre Tarotkarten auf dem kleinen Tischchen ausbreitete. Dann hielt sie einen Moment lang inne und blickte hinab auf die bunten Bildchen. Sie erschien gedankenverloren, als sie über deren Bedeutung nachdachte.

Die darauffolgende Stille fühlte sich für Greta wie eine Ewigkeit an. Fast hätte sie die Geduld verloren, doch schließlich räusperte die Hellseherin sich und begann zu sprechen: „Ich habe eine gute und eine schlechte Nachricht für dich, kleine Greta. Welche möchtest du zuerst hören?“. Greta wusste, dass es besser war, wenn man sich zuerst die schlechte Nachricht anhörte, damit man sich im Nachhinein von der guten trösten lassen konnte. Trotzdem erwiderte sie: „Die gute zuerst, bitte.“. Das schien auch die große Gabriella etwas zu verwundern, doch sie fuhr fort, ohne ihren Blick von den allwissenden Karten abzuwenden: „Ich sehe da tatsächlich ein ganz besonderes Mädchen in deiner Zukunft. Sie ist klug und schön und witzig und hat ein gutes Herz. Ihr werdet viel Spaß miteinander haben und sie wird dich genauso gernhaben, wie du bist, meine Liebe.“. Als sie das hörte, hätte Greta vor Freude am liebsten geweint. Sie konnte ihr Glück kaum fassen. Nicht nur würde sie früher oder später eine Kumpeline finden, das unbekannte Mädchen war zudem der wundervollste Mensch, von dem sie jemals gehört hatte. In all ihrer Euphorie hätte das kleine, grüne Mädchen fast vergessen, dass es auch eine schlechte Nachricht gab.

Die große Gabriella fuhr erneut fort: „Aber es wird nicht leicht sein, deine neue beste Freundin zu treffen. Sie lebt nicht hier auf Ganzweitweg, weißt du? Sie wohnt auf einem Planeten, der voll mit blauem Wasser ist. Sein Name ist *Erde* und er ist furchtbar weit von hier entfernt. Doch trotzdem wirst du sie schon bald besuchen können. Der Rat der Ältesten plant in diesem Augenblick eine Raummission, mit dem Ziel, die Bewohner der Erde nach dem Rezept für *Donuts* zu fragen. Du bist noch so klein, dass du sicher nicht viel mit dem politischen Trubel anfangen kannst. Aber glaube mir, diese Mission ist von allerhöchster Wichtigkeit und die Ältesten werden sich darüber in die

Haare bekommen, wer am besten für die Reise geeignet ist. Daher werden sie zu dem Entschluss kommen, einen Wettbewerb zu veranstalten, dessen Gewinner sich einen Platz im Raumschiff sichern können.

Was auch immer geschieht, du musst unbedingt an diesem Wettbewerb teilnehmen. Er ist deine einige Chance, dieses wundervolle Erdenmädchen zu treffen und dich mit ihr anzufreunden.“. Die Worte der weisen Gabriella erfüllten Greta mit Ehrfurcht. In ihrem ganzen Leben hatte sie noch nie das kleine Grünkopf-Dorf verlassen, in dem sie mit ihrer Familie lebte und nun sollte sie an einem internationalen Wettbewerb teilnehmen, diesen gewinnen und anschließend mit einem Raumschiff zur Erde reisen – einem Planeten, der tausende Lichtjahre von ihrem zu Hause entfernt war – alles nur um dieses mysteriöse Mädchen kennenzulernen.

Nachdem Greta sich bei der Wahrsagerin bedankt und ihr Zelt verlassen hatte, setzte sie sich auf eine einsame

Sitzbank am Rande des Jahrmarkts und wartete dort auf die Rückkehr ihrer Schwester Gina. Alles fühlte sich so unfassbar absurd an. Das Erdenmädchen erschien ihr unerreichbar, nichts weiter als ein schöner Traum, der niemals in Erfüllung gehen würde. Am Wettbewerb würden sicher sehr viele Erwachsene teilnehmen, gegen die sie einfach keine Chance hatte. Doch als die Kleine so dasaß und im Selbstmitleid badete, fiel ihr plötzlich ein entscheidendes Detail auf. Die Hellseherin hatte ihr eine Freundschaft mit dem Erdenmädchen prophezeit. Es stand also bereits fest, dass sie als eine der Siegerinnen aus dem Wettbewerb hervorgehen würde. Sie musste nur teilnehmen und ihr Bestes geben und schon würde ihr Traum wahr werden.

4. Der Wettbewerb

Nachdem der Rat der Ältesten offiziell bekanntgegeben hatte, dass die Teilnehmer der bevorstehenden Raummission durch einen Wettbewerb, bestehend aus drei Disziplinen, ermittelt werden sollten, herrschte auf ganz Ganzweitweg ein heilloses Durcheinander. Ein großer Teil der Bevölkerung widmete sich hektisch der Vorbereitung auf das bevorstehende Event und vernachlässigte dabei alle übrigen Verpflichtungen. Zwischen der Bekanntmachung und dem Ereignis lag nur eine einzige Woche, doch Greta hatte zu diesem Zeitpunkt bereits einen beachtlichen Vorsprung zwischen sich selbst und ihren Kontrahenten aufgebaut. Die große Gabriella hatte ihr schon vor einem Monat von dem Wettkampf erzählt und seitdem war kein Tag vergangen, an dem sie nicht mit Gina für den Anstarrwettbewerb trainiert, dutzende grüner Törtchen hinuntergeschlungen oder seitenweise Gedichte in ihrer krakeligen Handschrift verfasst hatte. Doch ihr größter

Vorteil bestand keineswegs darin, dass sie mehr Vorbereitungszeit als die anderen Grünköpfe hatte. Ihr größter Vorteil bestand darin, dass sie so fest an sich selbst und ihre eigenen Fähigkeiten glaubte, wie niemand sonst. In ihrem grünen Kopf bestand nicht der geringste Zweifel daran, dass sie den Wettkampf für sich entscheiden würde. Und so konnten ihr auch die hämischen Kommentare ihrer erwachsenen Verwandten und Bekannten nichts anhaben, als diese ihre Tauglichkeit in Frage stellten.

Nach wochenlangem Training brach schließlich der alles entscheidende Tag mit einem grandiosen Sonnenaufgang an. Alle Grünköpfe von Ganzweitweg hatten sich entweder vor ihren Fernsehern oder in dem riesigen Stadion versammelt, in dem der wohl wichtigste Wettbewerb aller Zeiten abgehalten werden sollte. Greta war extrafrüh aufgestanden, um vor allen anderen am Einlass zu sein und war somit eine der Ersten, die das Stadion betraten. Wie sie bereits erwartet hatte, waren außer ihr keine weiteren Kinder unter den teilnehmenden Grünköpfen. Sie hatten sich alle von den älteren entmutigen lassen. Doch Greta konnten sie auch jetzt nichts mit ihren missgünstigen Blicken anhaben.

Mit geschwollener Brust trat sie auf die Bühne, als der grüne Ansager ihren Namen durch den großen Lautsprecher verkündete. Dies war der Moment, auf den Greta sich so intensiv, bis in die späten Abendstunden hinein, vorbereitet hatte. Neben ihrem eigenen Namen, wurde auch der eines anderen Grünkopfs aufgerufen. Es war der Name des Mannes, gegen den sich das kleine Mädchen im Anstarrwettbewerb behaupten musste. Beide Kontrahenten nahmen auf Stühlen gegenüber voneinander Platz und schlossen noch einmal fest ihre Augen, um diese vorsorglich zu befeuchten. Mit dem Ertönen eines Schrillen Signals öffneten die zwei ihre Augen schlagartig wieder und begannen, sich gegenseitig anzustarren, so wie es schon etliche Mitspieler vor ihnen getan hatten. Zu Beginn hielten sich sowohl Greta als auch ihr Gegner wacker, doch im Laufe des Spiels kamen im grünen Kopf des Rivalen immer mehr Zweifel auf, bis diese ihn schlussendlich zu Fall brachten.

Der Vorgang wiederholte sich dutzende weiterer Male, bis Greta ausreichend Gegenspieler eliminiert hatte, um in die nächste Runde aufzusteigen. Jedes Blinzeln ihrer Gegner fühlte sich für die Kleine so an, als würde sie einen Schritt auf das geheimnisvolle Erdenmädchen zugehen.

Sie ließ sich von diesem schönen Gefühl in ihrem Bauch tragen und schaffte es so, unfassbare 25 grüne Törtchen zu verdrücken. Das waren ganze 3 Törtchen mehr, als der dicke Günther geschafft hatte. Die Zuschauer kamen gar nicht mehr aus dem Staunen heraus. Niemand hatte dem kleinen grünen Mädchen hohe Chancen ausgerechnet, doch nun dominierte sie die Arena. Sie wurde schnell zum Liebling eines jeden Bewohners von Ganzweitweg und so feuerten eifrige Rufe aus den Mündern tausender Grünköpfe Greta an, als sie ein letztes Mal die Bühne betrat, um sich der finalen Herausforderung zu stellen.

Alle Teilnehmer hatten in der Woche vor dem Wettbewerb ein Gedicht verfassen dürfen, dass sie dem Ältestenrat vortragen wollten. Aus tausenden Herausforderern, aufgeteilt auf 10 Gruppen, bekamen aber nur die besten 30 tatsächlich eine Gelegenheit dazu. Greta führte dabei die Bestenliste an und war sich sicher, dass sie auch diese Runde mit Leichtigkeit für sich entscheiden konnte. Als sie aber vor die Versammlung der Ältesten trat, um als letzte Finalistin ihr Gedicht zum Besten zu geben, bekam sie trotzdem schwummrige Knie. Die Augen der alten Weisen schienen sie zu durchbohren und auf einmal fühlte sich das kleine Mädchen wie ein Scharlatan, der es nicht verdient hatte, hier zu stehen. Doch sie vertrieb die Zweifel schnell wieder und erinnerte sich an das, was die große Gabriella ihr offenbart hatte. Es war ihre Bestimmung, hier und heute den Sieg mit nach Hause zu nehmen und so kam es auch. Voller Selbstvertrauen und mit einer so emotionsgeladenen Vortragsweise, dass selbst starke grüne Männer ein Paar Tränchen verdrücken mussten, trug sie dem Rat der Ältesten ihre Kreation vor.

Das Gedicht handelte von einem einsamen Mädchen, dass ihr Bestes gab und immer an sich glaubte und es so schaffte, ihre Träume wahr werden zu lassen und die Einsamkeit endlich zu besiegen. Die Juroren waren ganz aus dem Häuschen und Greta musste vor Freude weinen, als ihr vor allen Anwesenden ein symbolischer Raumfahrthelm aufgesetzt wurde. Mit Tränen in den Augen und einem breiten Lächeln auf den Lippen, blickte sie von links nach rechts auf die Gewinner der anderen Gruppen. Sie alle zusammen waren die 10 Auserwählten, die zur Erde reisen würden.

5. Der Scharlatan

Greta und ihre 9 Mitreisenden standen kurz davor, die Umlaufbahn der Erde zu erreichen, als dem kleinen grünen Mädchen beim Lesen der Zeitschrift aus ihrer Heimat fast die Luft wegblieb. Die große Gabriella war als Scharlatan entlarvt wurden. Die alte Frau konnte offenbar nie hellsehen, sondern besaß nur weitreichende Kontakte, welche sie mit allen Informationen versorgten, die nötig waren, um ihre Maskerade aufrecht zu erhalten. Greta konnte den Buchstaben kaum glauben. Wenn die große Gabriella eine Heuchlerin war, dann sollte sie jetzt eigentlich gar nicht hier sein. Sie hätte den Wettbewerb nie gewinnen dürfen. Das grüne Mädchen war der festen Überzeugung gewesen, dass ihr Sieg vom Universum vorherbestimmt war. Doch die Enttarnung der falschen Wahrsagerin und ihr aktueller Aufenthalt in der Erdumlaufbahn ließen nur eine Schlussfolgerung zu: Sie hatte sich ihren Platz verdient, indem sie an sich selbst geglaubt hatte. Stolz erfüllt ihre

Brust und fast wäre sie vor Vorfreude auf ihre neue beste Freundin geplatzt. Ein bisschen musste sie sich zwar noch gedulden, doch das Warten würde sich mit Sicherheit lohnen.

Ende.

6. Die Moral

Ich hoffe es hat dir so viel Spaß bereitet, meiner Geschichte zu lauschen, wie es mir Spaß bereitet hat, sie dir zu erzählen. Vielleicht lernst du die abenteuerlustige Greta schon bald persönlich kennen!

Die Moral von der Geschichte ist, dass du alles schaffen kannst, was du willst, wenn du nur ganz fest an dich selbst glaubst. Auch wenn es manchmal schwierig ist und der Mut dich von Zeit zu Zeit verlässt, solltest du deine Träume niemals aufgeben. Halte dir dein Ziel immer vor Augen und arbeite mit aller Kraft darauf hin. Wenn du nur dein Bestes gibst und versuchst, nicht an dir selbst zu zweifeln, kann nichts und niemand dich aufhalten.

Das war schwierig, es ist also gar nicht schlimm, wenn du die Moral nicht auf Anhieb entdeckt hast. Wie abgemacht, darfst du dir etwas wünschen, falls du sie doch gefunden hast! Ansonsten schreiben die Regeln unseres kleinen Vertrages vor, dass du dich gleich morgen einer deiner Ängste stellen musst. Sei bitte ehrlich und löse den entsprechenden Wettgewinn bei mir ein.

Ich glaube wir haben noch genug Zeit für genau eine Geschichte. Sie handelt von einer kleinen Meerjungfrau und ihrer besten Freundin. Die beiden haben noch nie ein Wort miteinander gesprochen und sind trotzdem unzertrennlich! Du willst jetzt sicher wissen, wie das funktionieren soll. Lass es mich dir erzählen…

Eine fischige Freundschaft

1. Das fremde Meermädchen

Hast du schonmal die Schuppen eines Fisches im Sonnenlicht betrachtet? Sie schimmern so bunt wie der Regenbogen, jede ein bisschen anders. Leonie liebte es, die glitzernden Körper dabei zu beobachten, wie sie durch das azurblaue Meer schwammen. Sie und ihre beste Freundin lagen mit dem Rücken auf einem großen Felsen am Grunde des Meeres. In der sonst ebenen Unterwasserlandschaft erhob sich der Stein aus dem Sand wie ein Hügel aus einem Feld. Sein Name war *Steinchen*. Das war zugegebenermaßen kein besonders kreativer Name, doch er bedeutete den beiden Mädchen unheimlich viel. Leonie konnte sich an seinen Ursprung noch erinnern, als wäre es gestern gewesen.

Ihre Eltern waren nicht die größten Fische im Teich, wenn man das so sagen konnte. Sie waren nicht Teil der einflussreichen Elite, die ihre Finger in allen nur erdenklichen Angelegenheiten innerhalb von Schnorchel-Stadt hatte. Gewöhnliche Meermenschen bekamen den großen Palast in ihrem ganzen Leben nie von innen zu sehen. Das war ein Privileg, dass nur den höheren Schichten vergönnt war.

Als Leonie noch klein war, hatte sie sich trotzdem gerne Geschichten über die Geschehnisse in dem Prachtbau ausgedacht. Damals konnte sie Stunden damit zubringen, das erhabene Gebäude aus der Ferne zu betrachten. Nach langer Suche hatte sie die perfekte Aussichtsplattform dafür gefunden. Der Fels befand sich etwas abseits der Stadt und bot freie Sicht auf das Objekt ihrer Faszination. Jeden Nachmittag flehte sie ihre Mama an, mit ihr dorthin zu gehen, bis diese das Gejammer nicht mehr ertragen konnte und ihrem Wunsch Folge leistete. Mit funkelnden Augen hatte sie hinab zum Palast geblickt, während in ihrem kleinen Köpfchen die Zahnräder ratterten und sie versuchte herauszufinden, was hinter den eindrucksvoll dekorierten Wänden vor sich ging.

Eines schicksalhaften Tages hatte ein Mädchen sich stumm neben sie gesetzt. Obwohl es im gleichen Alter wie Leonie zu sein und ihre Bewunderung für das Königshaus zu teilen schien, hatte die kleine Meerjungfrau es hier noch nie zuvor gesehen. Die Fremde schien sie gar nicht zu bemerken. Es war, als hätte eine Unterwasserhexe ihren Blick an dem prunkvollen Palast festgeklebt.

Leonie beschloss, dass sie das seltsame Verhalten des Mädchens nicht in Frage stellen würde und widmete sich stattdessen erneut ihren eigenen Tagträumen. Die beiden verbrachten den ganzen Nachmittag in Stillschweigen, doch sie genossen die Gesellschaft des jeweils anderen sehr und so wiederholten sie das seltsame Ritual am nachfolgenden Tag und am Tag darauf und am Tag darauf. Die Treffen wurden zu einem festen Bestandteil ihres Lebens und trotz der Stille, die dauerhaft zwischen den beiden herrschte, hatte sich keiner von beiden je so verstanden und geborgen in der Gegenwart von jemand anderem gefühlt. Von Zeit zu Zeit hatte Leonie versucht, Gespräche mit ihrer wortkargen Freundin zu initiieren, doch ihre Bemühungen waren von wenig Erfolg gekrönt gewesen. In ihr kamen zunehmend Zweifel auf. Die kleine Meerjungfrau konnte nicht anders, als sich zu wundern, ob die Freundschaft zwischen ihr und dem fremden Mädchen nur ein Produkt ihrer Fantasie war. Womöglich genoss sie den Ausblick, den man von dem

Felsen aus auf den Palast hatte, genauso sehr wie sie selbst und ihr war es vollkommen egal, dass Leonie direkt neben ihr saß. Am Anfang versuchte die kleine Leonie den Gedanken zu verdrängen, doch mit der Zeit schien es die einzig logische Erklärung für das abweisende Verhalten des geheimnisvollen Meermädchens zu sein.

Eines Abends konnte Leonie ihre Enttäuschung nicht mehr zurückhalten. Sie erhob sich von dem Platz, den sie am frühen Nachmittag neben ihrer vermeintlichen Freundin eingenommen hatte und verkündete bedauerlich: „Du brauchst dir keine Sorgen zu machen. Ich werde mir einen anderen Aussichtspunkt suchen und dich von morgen an nicht mehr stören.“. Sie seufzte traurig und war gerade dabei loszuschwimmen, als sie die Hand des stummen Mädchens an ihrer Schwanzflosse spürte. Sie versuchte Leonie unter Tränen zurückzuhalten.

2. Der Fluch

Leonie war mit der Situation komplett überfordert. Sie hatte nicht denn blassesten Schimmer, was sie tun sollte, doch eins stand fest. Sie hatte die Situation vollkommen falsch eingeschätzt und mit ihrem voreiligen handeln ihre Freundin verletzt. Sie fühlte sich, als würde jeden Augenblick auch über ihr eine Flut aus Tränen zusammenbrechen. Mit dünnem Stimmchen versuchte die kleine Meerjungfrau eine Entschuldigung zu formulieren: „Es… es tut mir ja so leid. Ich wollte dich nicht traurig machen. Ich habe dich unheimlich gern und hab das alles nur gesagt, weil ich dachte, dass ich mir nur eingebildet habe, dass du mich auch gernhast. Du sprichst nie mit mir. Ich kenne deinen Namen noch nicht einmal, obwohl wir jeden Tag zusammen verbringen. Aber das ist nicht schlimm. Jetzt weiß ich ja, dass du mich auch als deine Freundin siehst. Ich hoffe du kannst mich trotzdem ein wenig verstehen und nimmst meine Entschuldigung an.“.

Was als nächstes geschah würde Leonie niemals vergessen. Das schluchzende Meermädchen, dass zusammengekauert vor ihr saß und ihre Schwanzflosse fest mit beiden Händen umklammerte, lockerte ihren Griff zuerst und ließ dann gänzlich von ihr ab. Sie begann damit, suchend den Boden abzutasten. Wonach genau sie suchte, hatte Leonie zu diesem Zeitpunkt jedoch nicht gewusst. Noch bevor sie sich bei ihrer Freundin danach erkundigen konnte, um ihr eine helfende Hand zu leihen, fand diese schließlich wonach sie gesucht hatte. In ihren schmutzigen Händen hielt sie ein kleines Steinchen. An ihm war nichts Besonderes zu erkennen.

Augenblicklich begann das aufgelöste Meermädchen mit dem Steinchen Formen in den Sand zu malen, die Leonie später als Buchstaben erkannte. Gespannt verfolgte die verwirrte Nixe die schwungvollen Linien, die nach und nach ihre Spuren durch die hellen Sandkörner zogen. Als die Hand des anderen Mädchens schließlich zum Stehen kam, offenbarte sich Leonie mit einem Mal eine Wahrheit, mit der sie niemals gerechnet hätte:

Bitte entschuldige dich nicht bei mir. Es ist alles meine Schuld. Ich hätte dir die Wahrheit von Anfang an sagen sollen. Dass ich nicht spreche, hat nicht im Geringsten etwas mit dir zu tun. Auf mir liegt ein Fluch, der mir das Sprechen verbietet, egal wie sehr ich es auch versuche. Meine Eltern sind einfache Bauern und als ich noch klein war, konnten sie einmal ihre monatlichen Abgaben an Neptun nicht leisten. Sie versprachen ihm, das Versäumnis wiedergutzumachen, indem sie beim nächsten Mal die doppelte Steuer entrichteten. Leider wurden ihre Gebete jedoch nicht erhört und die anschließende Ernte fiel so gering aus, dass ihre Erträge kaum dazu reichten, unsere kleine Familie zu ernähren, geschweige denn doppelte Abgaben zu leisten.

Demütig traten sie zum nächsten Vollmond vor König Neptun. Sie entschuldigten sich von ganzem Herzen. Mein Papa bat ihm sogar an, im Palast zu arbeiten, bis die Schulden beglichen waren. Doch Der Tyrann mit dem Dreizack wollte von all dem nichts wissen. Er ließ seinen Zorn in einem Gewitter aus Schimpftiraden auf meine armen Eltern hinabregnen. Er warf ihnen vor, absichtlich Erträge zurückgehalten zu haben und verkündete, dass sie für ihre Gier bestraft werden würden. Sein glühender Blick fiel auf das Kind in den Armen meiner Mama, auf mich.

In seiner grenzenlosen Wut wirkte er einen uralten Fluch. Er würde mich für alle Zeit davon abhalten, zu sprechen. Niemals würde ich ihn so anlügen können, wie meine Eltern es vermeintlich getan hatten. Soweit ich weiß, fiel unsere Ernte in diesem Jahr tatsächlich sehr schlecht aus, doch das ändert nichts an meinem Schicksal. Ich werde niemals ein normales Mädchen sein und das ist alles die Schuld des Tyrannen, der Schnorchel-Stadt regiert.

~Franziska

3. Die Königsfamilie

Leonie konnte kaum glauben, was da im Sand stand. Konnte es wirklich sein, dass der gütige und barmherzige König Neptun etwas so Schreckliches getan hatte? Jedes Kind kannte die Heldengeschichten, die sich um ihn rankten.

Vor acht Jahren hatte er Schnorchel-Stadt aus den Händen der vorherigen Königsfamilie befreit. Wenn man den Erzählungen Glauben schenken konnte, hatten sie ihre Untertanen wie Sklaven behandelt und waren an Gier und Verlogenheit nicht zu überbieten gewesen. Niemand konnte ihnen etwas anhaben, bis Neptun, der damals noch nicht König war, durch die Türen des Palasts gestürmt kam und alle versammelten Adligen mit einem uralten Zauber in Stein verwandelte. Normalerweise wäre die Königsfamilie ihm keineswegs schutzlos ausgeliefert gewesen. Das blaue Blut, dass durch ihre Adern floss, verlieh ihnen magische Kräfte von unvergleichbarer Stärke. Doch der Angriff des gegnerischen Magiers geschah wie aus dem Nichts und so war es keinem der Anwesenden möglich, rechtzeitig in das Geschehen einzugreifen, um den Machtwechsel zu verhindern.

Legenden zufolge war König Neptun nur ein einziger Blaublüter entgangen: Die kleine Tochter des Königspaars, welche zu diesem Zeitpunkt erst wenige

Wochen alt gewesen war. Während der Auseinandersetzung im Palast, zog die Magd des kleinen Mädchens mit ihr wie gewohnt Runden im Schlossgarten, um das weinende Kind zum Schlafen zu bringen. Von dem Machtwechsel, der sich zur gleichen Zeit nur einige Meter weiter zutrug, hatte sie dabei nichts geahnt. Ein Diener, der alles von seinem Versteck aus beobachtet hatte, setzte die ahnungslose junge Frau jedoch noch rechtzeitig davon in Kenntnis und so machte sie sich noch am gleichen Abend mit dem Kind in ihren Armen auf den Weg in die Armenviertel von Schnorchel-Stadt. Seitdem waren weder sie noch die Prinzessin jemals wiedergesehen worden.

Franziskas Geschichte sorgte dafür, dass Leonie die Heldentaten des Gebieters mit anderen Augen sah. Die Macht hatte ihn zu dem gemacht, was er selbst verachtete: einem gierigen, herrschsüchtigen Tyrannen, der nicht einmal vor Kindern haltmachte. Franziska tat ihr so unglaublich leid. Sie war der Wut eines Mannes zum Opfer gefallen, der geschworen hatte, alle seine Untertanen vor den dunklen Mächten zu schützen.

Sie konnte ihre beste Freundin nach allem, was sie nun wusste nicht einfach allein nachhause gehen lassen. Sicher würde das Mädchen sich freuen, wenn sie sie zum gemeinsamen Abendessen einlud. Vielleicht kannten Mama und Papa einen Weg, um Franziska von ihrem Fluch zu erlösen. „Möchtest du vielleicht bei uns mit zu Abend essen? Meine Mama macht heute ihren berühmtberüchtigten Algen-Auflauf.“, schlug sie dem Meermädchen mit einem sanften Lächeln vor. Dieses willigte mit einem Nicken dankend ein und so schwammen die beiden Freundinnen zurück nach Schnorchel-Stadt.

4. Die verlorene Prinzessin

Heute wie damals lebte Leonie gemeinsam mit ihren Eltern in einem in die Jahre gekommenen Haus des Armenviertels. Es war ein seltsames Gefühl über die knarzige Türschwelle zu treten, nachdem sie den ganzen Tag in Tagträumen über das Palastleben verbracht hatte. In der Küche erwarteten Mama und Papa sie bereits am gedeckten Tisch. Die kleine Meerjungfrau hatte ganz vergessen, dass sie bereits vor einer Stunde hätte, zuhause sein sollen. „Es tut mir leid. Ich habe die Zeit ganz aus den Augen verloren. Ihr werdet nicht glauben, was Franziska mir erzählt hat.“, sagte sie schnell, noch bevor ihre Mama ihr eine Standpauke erteilen konnte. Leonie warf dem anderen Mädchen einen Blick zu und bedeutete ihr damit, ihren Eltern das zu erzählen, was sie ihr erzählt hatte. Geschwind schwamm das kleine Meermädchen zum Tisch und nahm zwischen Leonie und ihrem Papa Platz. Dort schrieb sie mit einem Füller auf einer Serviette erneut ihre Geschichte auf und schob sie anschließend den beiden Erwachsenen zu, die gespannt die schwungvollen Bewegungen ihrer Hand beobachtet hatten. Mit angehaltenem Atem ließen die beiden ihre Augen Zeile für Zeile über das Geschriebene wandern. Genau wie ihre Tochter vor ihnen konnten auch sie ihren Augen nicht glauben als sich ihnen nach und nach das grauenhafte Schicksal des Gasts offenbarte. Selbst als beide am Ende des Texts angekommen waren, vergingen noch einige Minuten, bis sich Leonies Mama zu Wort meldete. Das was sie sagte, entsprach jedoch ganz und gar nicht dem, was Leonie erwartet hatte: „Ich hatte von Anfang an ein schlechtes Gefühl wegen Neptun, doch dass er so weit gehen würde, hätte selbst ich nicht gedacht. Nicht einmal die alte Königfamilie ist zu solchen Gräueltaten fähig gewesen. Es wird höchste Zeit, dass du die ganze Wahrheit erfährst, Leonie. Die ganze Wahrheit darüber, was in jener Nacht geschah, in der König Neptun an die Macht kam.“. Die kleine Meerjungfrau hätte mit vielem gerechnet, doch nicht damit, dass sie selbst etwas mit der Heldengeschichte des Königs zu tun hatte.

Mit weit aufgerissenen Augen schaute sie ihre Mama an, als diese fortfuhr: „Wir alle kennen die Geschichte von König Neptun, der Schnorchel-Stadt von den grauenvollen Tyrannen befreite, die vor ihm an der

Macht waren. Doch die wenigsten wissen, was in jener Nacht mit der Prinzessin geschah, die vom Zorn Neptuns verschont geblieben ist. Ich habe dir nie davon erzählt, aber ich war damals die Magd der alten Königin und als solche war mir von ihr aufgetragen worden, jeden Abend mit der Prinzessin Runden im Schlossgarten zu drehen, bis diese friedlich einschlummerte. Genau das tat ich auch an dem Abend, der mein Leben auf den Kopf stellen sollte. Ein befreundeter Diener der Königsfamilie erwartete mich bereits, als ich gerade in den Palast zurückkehren wollte, um die kleine Prinzessin in ihr Bettchen zu legen. Er warnte mich. Er wies mich dazu an, so schnell wie möglich mit der Prinzessin von hier zu verschwinden, denn Neptun hatte vor, alle Mitglieder der Adelsfamilie in Stein zu verwandeln. Das kleine Mädchen schwebte in großer Gefahr. Ich machte mich also augenblicklich auf den Weg in das Armenviertel von Schnorchel-Stadt.

Dort angekommen, eilte ich panisch durch die verwinkelten Gassen, geradewegs auf ein heruntergekommenes Haus zu. Voller Verzweiflung schlug ich gegen die vermoderte Tür, in der Hoffnung, dass einer der Bewohner mir Einlass gewährte. Zu meiner Erleichterung blickte mir schon nach wenigen Sekunden ein vertrautes Gesicht aus dem Türrahmen entgegen. Das schwache Licht der Wohnzimmerbeleuchtung erhellte die markanten Züge meines Verlobten. Bei seinem Anblick ließ ich meinen Gefühlen endlich freien Lauf. Ich fiel in seine Arme und weinte und weinte. Ich fürchtete mich vor Neptun und dem, wozu er im Stande war. Noch in derselben Nacht entschied ich mich dazu, die Prinzessin als meine eigene Tochter aufzuziehen, um sie auf diesem Wege vor der Rache des neuen Königs zu bewahren. Gemeinsam entschieden mein Verlobter und ich uns dazu, sie zu ihrer eigenen Sicherheit Leonie zu nennen. Wir wollten so wenig Aufmerksamkeit wie möglich auf unsere neue, kleine Familie zu lenken. Du bist die rechtmäßige Prinzessin. In dir schlummern die magischen Unterwasserkräfte deiner Ahnen. König Neptun hat sich von der Macht blenden lassen und ist zu dem geworden, was er zu eliminieren versprach. Nur du kannst ihn aufhalten. Du bist unsere einzige Hoffnung.“.

5. Das Gefecht

Steinchen trug seinen Namen, weil Franzi in jener Nacht ein Steinchen verwendet hatte, um ihre Geschichte mit Leonie zu teilen. Damit hatte sie eine Kettenreaktion in Gang gesetzt, deren Ausgang noch ungewiss war. Zuerst hatte die verloren geglaubte Prinzessin nicht gewusst, was sie tun sollte. Sie fühlte sich verloren und hilflos angesichts der schier endlosen Macht des Monarchen. Doch ihr war schnell bewusst geworden, dass ihr keine andere Wahl blieb, als sich König Neptun entgegenzustellen. Sie war die einzige lebende Angehörige der Königsfamilie und es lag in ihrer Verantwortung, die Meermenschen von Schnorchel-Stadt in eine bessere Zukunft zu führen.

Leonie verbrachte die nächsten drei Jahre damit, sich auf das finale Gefecht mit dem unbarmherzigen Gebieter vorzubereiten. Sie und Franziska trafen sich jeden Morgen an ihrem alten Aussichtspunkt, *Steinchen*, und wiederholten verschiedenste Übungen, bis sie ihre Kräfte vollkommen unter Kontrolle hatte. Zu Beginn erwies sich das als schwierig, da sie einen Weg finden musste, ihre Kräfte hervorzulocken. Die beiden Mädchen zogen während ihrer Nachforschungen ein Buch zu Rate, dass sie durch einen glücklichen Zufall (oder eine Fügung des Schicksals) in der alten Stadtbibliothek aufgestöbert hatten. Bei dem Wälzer handelte es sich um eine Art Leitfaden, welcher von der vorherigen Adelsfamilie dazu verwendet wurde, neue Nachkommen anzulernen. Leonie hatte ein seltsames Gefühl dabei, als sie die vergilbten Seiten zum ersten Mal aufschlug. In diesem Buch hatten einst Mietglieder ihrer leiblichen Familie geblättert – einer Familie, welche an Grausamkeit nur durch König Neptun selbst übertroffen werden konnte. In ihrem Bauch breitete sich Abscheu aus, die zu einem kleinen Teil auch gegen sie selbst gerichtet war. Die kleine Meerjungfrau hatte große

Angst davor, der Macht so sehr zu verfallen, wie ihre Eltern einst.

Leonie hatte damals den Tränen nahegestanden und vielleicht hätte sie ihr wagemutiges Vorhaben in diesem Moment auch ganz aufgegeben, wäre da nicht die liebe Umarmung ihrer Freundin Franziska gewesen. Diese baute sie wieder auf und gab ihr die Kraft, die ihr fehlte, um ihre Bemühungen fortzusetzten.

Von diesem Tag an, trainierte Leonie nach Anleitung des Buchs und unter der Aufsicht von Franzi wie eine Verrückte. Sie steigerte sich Mal für Mal. Zu Beginn fiel es ihr noch schwer, eine Muschel allein mit der Kraft ihrer Gedanken, nach oben schwimmen zu lassen, doch nach einigen Wiederholungen der Übung, konnte sich die kleine Prinzessin nichts leichteres mehr vorstellen. So erging es ihr mit fast jeder neuen Aufgabe, die es laut Anleitung zu meistern galt.

Einige waren komplizierter als anderer und erforderten weitaus mehr Zeit und Geduld. Beispielsweise verlangte

Kapitel 4 von ihr, dass sie einen großen Strudel aus dem Wasser um sie herum beschwor. Auf den ersten Blick war ihr das nicht sonderlich kompliziert erschienen, doch schon nach kurzer Zeit belehrte die Disziplin sie eines Besseren. Davon ließ das Meermädchen sich aber auf gar keinen Fall entmutigen. Sie arbeitete noch viel härter an sich selbst und ihren Fähigkeiten und wiederholter die Übung so oft, bis sie das gewünschte Ergebnis erzielt hatte und voller Stolz auf den Strudel aus kreisendem Wasser blickte.

Momente wie dieser gaben Leonie Hoffnung. Neptun mochte vielleicht ein mächtiger Zauberer sein, doch in ihren Adern floss das blaue Blut der rechtmäßigen Adelsfamilie und auch wenn diese sich von der Macht hatte blenden lassen, würde sie nicht in ihre Fußstapfen treten. Sie würde den Tyrannen mit dem Dreizack aus Schnorchel-Stadt vertreiben und seinen Einwohnern die gerechte Herrscherin sein, die sie verdienten.

Nach Jahren der Vorbereitung, war es heute endlich so weit. Der Tag des alles entscheidenden Duells war gekommen und als Leonie mit dem Rücken auf *Steinchen* lag, die schimmernden Fische beobachtete und über die Geschehnisse der Vergangenheit nachdachte, die sie hierhergeführt hatten, war jegliche Furcht, die sie zuvor in ihrem Herzen getragen hatte, gänzlich verschwunden. Sie war einer feurigen Entschlossenheit gewichen, die es kaum erwarten konnte, ihre Macht über dem gekrönten Haupt Neptuns zu entladen.

Franziska blieb auf dem abgelegenen Aussichtspunkt zurück, als Leonie sich erhobenen Hauptes auf dem Weg zum Palast machte. Die kleine Meerjungfrau wollte unter keinen Umständen riskieren, dass ihre Freundin in der Hitze des Gefechts verletz wurde. Sie schlich sich über den Bediensteten-Eingang unbemerkt ins Schloss und folgte von dort aus den Wegbeschreibungen, die ihre Mama ihr zuvor gegeben hatte, bis sie sich vor den gigantischen Türflügeln wiederfand, die in den Thronsaal führten. Sie holte noch ein Mal tief Luft und betrat dann den Raum, in dem König Neptun sie bereits zu erwarten schien.

6. Vergeben

Bei ihrem Anblick erhob der Tyrann sich augenblicklich aus seinem Thron. Er erhob den goldenen Dreizack, der in seiner Hand geruht hatte, gen Himmel und stieß einen donnernden Schrei aus, der Leonies Knochen erzittern ließ. Mit einem Mal schien der Zorn des ganzen Meeres auf sie niederzuregnen. Ein schrecklicher Wind wütete im inneren des Thronsaals und ließ das Wasser rasant aus allen Richtungen an ihr vorbeistömen. Fast hätte sie den Halt verloren, doch im letzten Augenblick gelang es ihr, sich zu stabilisieren. Für diesen kurzen Moment dachte Neptun, er habe gesiegt. Er begann damit, seine Energie zu bündeln, um einen Versteinerungszauber auf die Prinzessin wirken zu können. Dieser Augenblick der Unachtsamkeit sollte ihm jedoch zum Verhängnis werden. Leonie nutzte ihn nämlich, um selbst einen

Versteinerungszauber zu wirken. Dieser unterschied sich jedoch in einer Sache von dem des Königs: Der Zauber der Prinzessin versteinerte ausschließlich die Bahnen des Magieflusses im Körper seines Opfers. Mit einem Mal verebbten die reißenden Ströme im Raum und wichen dem zornigen Donnerwetter, dass Neptuns Kehle entsprang. Er drohte dem Mädchen jede nur erdenkliche Strafe für ihren Ungehorsam an, doch diese schenkte seinen Worten nur wenig Beachtung. In ihrem Kopf ging sie selbst verschiedenste Bestrafungsmöglichkeiten durch, die den Taten des Tyrannen würdig waren.

Sie hätte ihn im Palast schuften lassen können, bis er an Erschöpfung zugrunde ging oder ihm seine Stimme nehmen können, so wie er es mit Franziska getan hatte. Doch nichts von alldem erschien ihr gerecht. Sie konnte die grauenvollen Taten des ehemaligen Herrschers nicht mit den gleichen Verbrechen vergelten. Sie musste dem zornigen Mann vergeben und sich einzig und allein auf das Wohl ihres Volkes konzertieren.

Noch am selben Abend gaben Leonies Eltern auf dem Balkon des Palasts feierlich bekannt, dass König Neptun von einem mutigen Mädchen gestürzt worden war und dass dieses Mädchen Schnorchel-Stadt in eine bessere Zukunft führen würde. Leonie versprach den versammelten Meermenschen, dass von nun an keine Abgaben mehr an den Hof geleistet werden mussten. Alle waren ihr unendlich dankbar und so regierte die kleine Meerjungfrau gemeinsam mit ihrer stillen Beraterin Franziska von diesem Tage an als gerechte Herrscherin über Schnorchel-Stadt und seine Bewohner. Neptun verließ die Stadt schon bald aus eigenen Stücken, weil er mit der Wut in seinem Herzen nur schwer umgehen konnte und der Anblick der neuen Königin den Zorn immer wieder von neuem entfachte.

Ende.

7. Moral

Leonie gibt wirklich eine gute Königin ab, findest du nicht auch? Mit Franziska an ihrer Seite gibt es kein Problem, dass die beiden nicht lösen können.

Die Moral der Unterwasser-Geschichte ist, dass du dich nicht allein von Gefühlen leiten lassen solltest. Es ist immer gut, seine Emotionen zuzulassen und nicht in sich hineinzufressen. Beim Treffen von Entscheidungen ist es aber wichtig, dass du ruhig bleibst und deinen Kopf entscheiden lässt. Hätte Leonie ihre Wut zugelassen und Neptun seine schlimmen Taten mit gleichen Mitteln

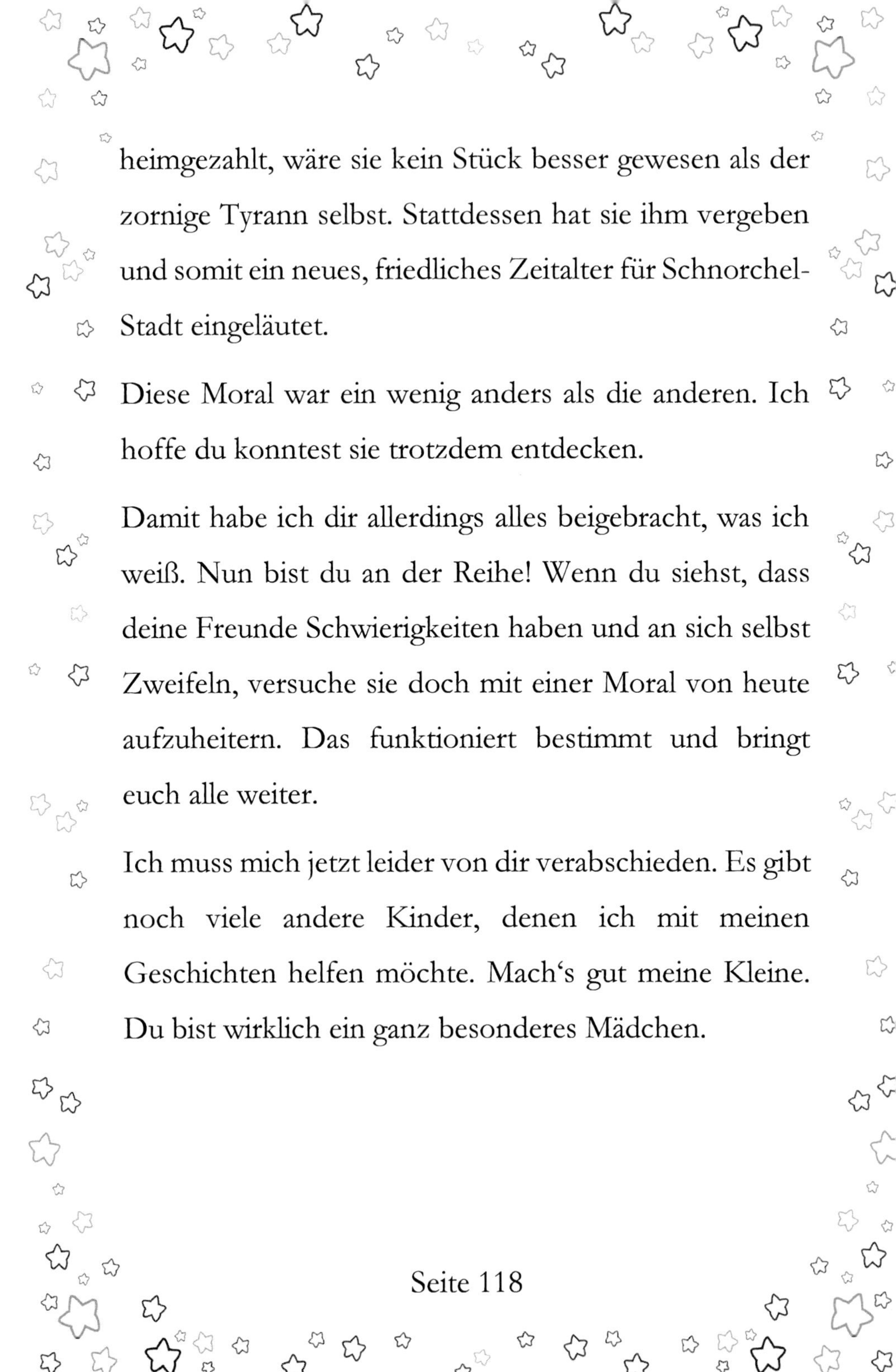

heimgezahlt, wäre sie kein Stück besser gewesen als der zornige Tyrann selbst. Stattdessen hat sie ihm vergeben und somit ein neues, friedliches Zeitalter für Schnorchel-Stadt eingeläutet.

Diese Moral war ein wenig anders als die anderen. Ich hoffe du konntest sie trotzdem entdecken.

Damit habe ich dir allerdings alles beigebracht, was ich weiß. Nun bist du an der Reihe! Wenn du siehst, dass deine Freunde Schwierigkeiten haben und an sich selbst Zweifeln, versuche sie doch mit einer Moral von heute aufzuheitern. Das funktioniert bestimmt und bringt euch alle weiter.

Ich muss mich jetzt leider von dir verabschieden. Es gibt noch viele andere Kinder, denen ich mit meinen Geschichten helfen möchte. Mach‘s gut meine Kleine. Du bist wirklich ein ganz besonderes Mädchen.

Wir danken Ihnen für Ihr Interesse und Ihr Vertrauen. Als Dankeschön dafür, haben wir eine besondere Überraschung. Wir haben exklusiv für Sie **„100 Übungen für Kinder, um mehr Selbstbewusstsein zu erlangen“**. Und diese erhalten Sie vollkommen kostenlos. Das klingt wunderbar? Dann warten Sie nicht lange und holen Sie sich Ihr Gratis-Geschenk.

Hier geht es zu Ihrem Gratis-Geschenk:

https://forms.gle/W2y7fBjRJnUfE77e6

1. **Öffnen Sie die Kamera-App auf Ihrem Smartphone und richten Sie die Kamera auf den QR-Code.**
2. **Klicken Sie auf den Link, der Ihnen angezeigt wird und schon werden Sie zur Website weitergeleitet.**

Impressum

Herausgeber: Malik & Mähleke GmbH / Ericusspitze 4 / 20457 Hamburg
Kontakt: kontakt@empireofbooks.de
Website: https://empireofbooks.de
Coverbild: Shutterstock

Haftungsausschluss:
Die Nutzung dieses Buches und die Umsetzung der enthaltenen Informationen, Anleitungen und Strategien erfolgt auf eigenes Risiko. Der Autor kann für etwaige Schäden jeglicher Art aus keinem Rechtsgrund eine Haftung übernehmen. Haftungsansprüche gegen den Autor für Schäden materieller oder ideeller Art, die durch die Nutzung oder Nichtnutzung der Informationen bzw. durch die Nutzung fehlerhafter und/oder unvollständiger Informationen verursacht wurden, sind grundsätzlich ausgeschlossen. Rechts- und Schadenersatzansprüche sind daher ausgeschlossen. Dieses Werk wurde sorgfältig erarbeitet und niedergeschrieben. Der Autor übernimmt jedoch keinerlei Gewähr für die Aktualität, Vollständigkeit und Qualität der Informationen. Druckfehler und Falschinformationen können nicht vollständig ausgeschlossen werden. Es kann keine juristische Verantwortung sowie Haftung in irgendeiner Form für fehlerhafte Angaben vom Autor übernommen werden. Die bereitgestellten Analysen, Vorschläge, Ideen, Meinungen, Kommentare und Texte sind ausschließlich zur Information bestimmt und können ein individuelles Beratungsgespräch nicht ersetzen. Alle Informationen dieses Buches entsprechen dem Kenntnisstand zum Zeitpunkt des Verfassens dieses Buches. Eine Haftung für mittelbare und unmittelbare Folgen aus den Informationen dieses Buches ist somit ausgeschlossen.
Informieren Sie sich weitläufig aus unterschiedlichen Quellen und bedenken Sie, dass am Ende nur Sie für die Entscheidungen verantwortlich sind.

Urheberrecht:
Das Werk einschließlich aller Inhalte, wie Informationen, Strategien und Tipps ist urheberrechtlich geschützt. Alle Rechte vorbehalten. Nachdruck oder Reproduktion (auch auszugsweise) in irgendeiner Form (Druck, Fotokopie oder anderes Verfahren) sowie die Einspeicherung, Verarbeitung, Vervielfältigung und Verbreitung mithilfe elektronischer Systeme jeglicher Art, gesamt oder auszugsweise, ist ohne ausdrückliche schriftliche Genehmigung des Autors untersagt. Die Inhalte dürfen keinesfalls veröffentlicht werden. Bei Missachtung werden rechtliche Schritte eingeleitet.

Haftung für externe Links:
Unser Angebot enthält Links zu externen Websites Dritter, auf deren Inhalte wir keinen Einfluss haben. Deshalb können wir für diese fremden Inhalte auch keine Gewähr übernehmen. Für die Inhalte der verlinkten Seiten ist stets der jeweilige Anbieter oder Betreiber der Seiten verantwortlich. Die verlinkten Seiten wurden zum Zeitpunkt der Verlinkung auf mögliche Rechtsverstöße überprüft. Rechtswidrige Inhalte waren zum Zeit-punkt der Verlinkung nicht erkennbar.